# Der Abbé Galiani
## als Nationalökonom, Politiker und Philosoph nach seinem Briefwechsel

von

Dr. Wilhelm Eduard Biermann
a. o. Professor für Nationalökonomie
an der Universität Leipzig

Leipzig
Verlag von Veit & Comp.
1912

Sonderabdruck aus:
Volkswirtschaftliche und wirtschaftsgeschichtliche
Abhandlungen
W. Stieda
zum 60. Geburtstage dargebracht

# Der Abbé Galiani als Nationalökonom, Politiker und Philosoph nach seinem Briefwechsel.

Von Wilh. Eduard Biermann.

„Der Abbé Galiani trat ein und mit diesem herzigen Abbé die Fröhlichkeit, die Phantasie, der Geist, die Schalkheit, der Scherz, kurz alles, was uns die Mühseligkeiten des Lebens vergessen läßt.“ So sprach einst Diderot[1]) von dem kleinen neapolitanischen Abbé, der als Gesandtschaftssekretär in Paris in den Salons des ancien régime eine tonangebende Rolle gespielt hatte. Der Urenkel Schillers, der kürzlich eine hübsche Ausgabe ausgewählter Briefe und Dialoge Galianis veröffentlicht hat, Alexander von Gleichen-Rußwurm,[2]) nennt ihn den berühmtesten unter allen berühmten Plauderern des philosophischen Paris, nachdem sich Voltaire grollend und ängstlich in die Schweiz zurückgezogen habe. Und ein moderner Nationalökonom, Lujo Brentano,[3]) hat ihn als den glänzendsten unter allen Nationalökonomen gepriesen. Dieser kapriziöse, kleine Abbé, der mit lässiger Grazie und tändelndem Spott die schwierigsten Probleme zu lösen pflegte, ist in letzter Zeit auch einem größeren Publikum zugänglich gemacht worden. So hat der verdienstvolle Galiani-Forscher, der neapolitanische Archivar Fausto Nicolini, eine Anthologie aus gedruckten und ungedruckten Schriften Galianis veröffentlicht[4]), und ich erwähnte bereits die Ausgabe v. Gleichen-Rußwurms im „hortus deliciarum“.

---

[1]) „L'abbé Galiani entra et avec le gentil abbé la gaieté, l'imagination, l'esprit, la folie, la plaisanterie, tout ce qui fait oublier les peines de la vie.“ Vgl. Diderot à Mademoiselle Volland. Edit. Assezat & Tourneux, t. XIX, p. 37; Deutsch nach v. Gleichen-Rußwurm, Die Briefe und die Dialoge des Abbé Galiani, 1907, p. 342.

[2]) Alex. v. Gleichen-Rußwurm, Die Briefe und die Dialoge des Abbé Galiani, Berlin 1907 („Hortus deliciarum“), p. 336.

[3]) Lujo Brentano, Die Entwicklung der Wertlehre, München 1908, p. 30/31.

[4]) Fausto Nicolini, Il Pensiero dell' Abbate Galiani, Antologia di tutti i suoi scritti, Bari 1909 („Biblioteca di Cultura moderna“ Nr. 29). Vgl. dazu die Besprechung von K. Voßler, Deutsche Literaturzeitung. 1909, Nr. 13, Sp. 812/3.

Wenn ich im folgenden dem geistvollen Abbé eine Betrachtung widmen will, so kann es nicht meine Absicht sein, ihm seine Stellung in der Geschichte der Nationalökonomie erst einmal anweisen zu wollen. Sie steht längst fest bei aller Verschiedenheit des Urteils, und sie ist begründet worden durch seine zwei Hauptwerke: durch seine Jugendschrift über das Geld und durch seine berühmten Dialoge über den Getreidehandel. In dem ersteren Werke „Della moneta" hat Galiani im jugendlichen Alter von kaum 23 Jahren im Jahre 1751[1]) eine subjektive Wertlehre gegeben, die nach Brentanos Urteil[2]) nur wenig Verbesserungen nötig hat, um vortrefflich zu sein; eine Wertlehre, die durchaus psychologisch und modern ist,[3]) und man begreift es, daß man wiederholt an der Verfasserschaft Galianis — der klassischen Abhandlung gegenüber, die zuerst anonym erschien — gezweifelt hat, weil man sich nicht denken konnte, daß ein jugendlicher Anfänger eine so ausgezeichnete Arbeit zu veröffentlichen in der Lage sei. Die Frage der Verfasserschaft ist jetzt nach den Forschungen Nicolinis[4]) in den Galianischen Handschriften, die in der Bibliothek der neapolitanischen Gesellschaft für vaterländische Geschichte aufbewahrt werden, zugunsten Galianis entschieden. Namentlich geht sie aus einem wertvollen Bündel von eigenhändigen und nicht veröffentlichten Briefen des Nationalökonomen Intieri an unseren Ferdinando Galiani und seinen Onkel Celestino Galiani hervor.[5])

---

[1]) Das Titelblatt der ersten Ausgabe trägt allerdings das Datum 1750, jedoch ein Blick auf die Lizenzen für die Veröffentlichung genügt, um zur Überzeugung zu kommen, daß das Werk erst im September 1751 in den Handel gebracht werden konnte. Dieses wird auch durch Briefe bewiesen. Cf. Nicolini, Interno a Ferdinando Galiani, a proposito d'una publicazione recente, Giornale storico della Letteratura Italiana, Vol. LII, Torino 1908, p. 2 Note 1.

[2]) Brentano, l. c. p. 31; vgl. auch Kaulla, Die geschichtliche Entwicklung der modernen Werttheorien, Tübingen 1906, p. 114 ff. und Oncken, Geschichte der Nationalökonomie, Leipzig 1902, Bd. I, p. 238. Beide führen, wie die meisten Biographen, fälschlicherweise das Jahr 1750 als Erscheinungsjahr an.

[3]) Wilh. Weigand, Der Abbé Galiani p. LXXV, Einleitung zu „Die Briefe des Abbé Galiani, aus dem Französischen übertragen von Heinrich Conrad. Erster Band, München und Leipzig 1907.

[4]) F. Nicolini, I Manoscritti dell' Abbate Galiani, Archivio Storico per le Province Napoletane, Anno XXXIII, Fasc. I, Napoli 1908, p. 171 ff.; vgl. auch desselben Verfassers bereits erwähnte Arbeit in Giornale Storico l. c., p. 3 ff. und seinen auch bereits zitierten „Pensiero . . ." l. c., p. 407.

[5]) cf. Nicolini, Giornale l. c. p. 4.

Das zweite Hauptwerk, die Dialoge über den Getreidehandel, vom Jahre 1770 (manche glauben auch den Nachweis erbringen zu können, daß es vom Jahre 1769 stammt)[1]) ist mit Recht von einem der hervorragendsten Geschichtsschreiber der Getreidehandelspolitik früherer Zeiten, von Naudé, neben Roschers „Kornhandel und Teuerungspolitik“ gestellt worden. Naudé meint[2]), in einer meisterhaften Dialogform, von den Schöngeistern des 18. Jahrhunderts überschwenglich bewundert, sei es ein sehr merkwürdiges Zeugnis dafür, wie sehr dieser Sohn des 18. Jahrhunderts seiner Zeit vorangeeilt sei; er sei, wie nur irgendein Jünger des 19. Jahrhunderts, ein historisch denkender Kopf, wenn er in geistvollen Betrachtungen die Getreidehandelspolitik der verschiedensten Völker bespreche, so kehre der eine Gedanke stets wieder, daß sich für den Getreidehandel und seine Einrichtungen kein Universalgesetz finden lasse, daß man a priori weder für Beschränkung noch für Freiheit des Getreidehandels schwärmen dürfe, und daß, was einer Zeit widersinnig erscheine, in einer früheren sehr weise und vernünftig habe sein können. Schon Voltaire schrieb über die Dialoge am 10. Januar 1770 an Diderot: „Es scheint mir, daß Plato und Molière sich vereinigt haben, um dieses Werk zu verfassen“.[3])

Und selbst ein Gegner Galianis, der freilich auch von ihm hochgeschätzte Physiokrat Turgot, hat sich voll Begeisterung über die Dialoge geäußert, wenn er auch ihren Inhalt nicht billigen konnte. Er schrieb an den Abbé Morellet, der später eine Widerlegung der Dialoge versuchte: „On ne peut soutenir une bien mauvaise cause avec plus d'esprit, plus de grâce, plus d'adresse, de bonne

---

[1]) So datiert Afanassiev, Le Commerce des Céréales en France au dix-huitième siècle, Paris 1894, p. 237 note 1 die Dialoge von 1769, indem er sich darauf beruft, daß Turgot schon am 17. Januar 1770 an Morellet über das Buch geschrieben habe, und darum müsse es doch schon Ende 1769 erschienen sein.

[2]) W. Naudé, Deutsche städtische Getreidehandelspolitik vom 15, bis 17. Jahrhundert, Leipzig 1889 (Staats- und sozialwissenschaftliche Forschungen VIII, 5), p. 2 ff.

[3]) Il me semble que Platon et Molière se soient réunis pour composer cet ouvrage. Je n'en ai encore lu que les deux tiers, j'attends le dénouement de la pièce avec une grande impatience. On n'a jamais raisonné ni mieux, ni plus plaisamment. Oh! le plaisant livre, le charmant livre que les „Dialogues“. Diesen Brief erklärte F. Brunetière für apokryph. (l'abbé Galiani in Revue de deux mondes, 1881, p. 924 ff.), für die Echtheit tritt energisch Nicolini ein Giornale Storico l. c., p. 10.

plaisanterie, de finesse même et de discussion dans les détails. Un tel livre, écrit avec cette élégance, cette légéreté de ton, cette propriété et cette originalité d'expression, et par un étranger, et un phénomène peut-être unique".[1])

Neuere Autoren, die über Galiani im Zusammenhange mit der französischen Getreidehandelspolitik des ancien régime geschrieben haben, preisen ebenfalls seine Schriftstellereigenschaften; so spricht der Russe Afanassiev in seinem umfangreichen Werk über den Getreidehandel Frankreichs im 18. Jahrhundert von „d'une plume légère et brillante,"[2]) und Gaudemet meint in seiner Monographie über unseren Abbé,[3]) daß er „présenta légérement des idées sérieuses, et parce qu'il tint cette gageure, d'écrire, á propos du commerce des blés, un livre vif d'allures, franc de style, charmant de fantaisie et d'ironie fine comme un roman de Voltaire, il a porté devant la postérité la peine d'avoir eu trop d'esprit".

Über die Bedeutung dieser beiden Hauptwerke Galianis, die Abhandlung vom Gelde und die Dialoge über den Getreidehandel, läßt sich kaum etwas Neues sagen. Dagegen ist sein drittes Hauptwerk, wenn ich es so nennen darf, seine Korrespondenz noch zu wenig gewürdigt worden. Freilich haben sowohl deutsche als auch französische und italienische Autoren die ausgezeichnete letzte Ausgabe der französischen Briefe des Abbés von Perey und Maugras[4]) wiederholt herangezogen, wenn es galt, eine lebendige

---

[1]) Mémoires de Morellet t. I, p. 193; vgl. auch Afanassiev, l. c. p. 240/41; E. Fridrichowicz, Die Getreidehandelspolitik des Ancien Régime, Weimar 1897, p. 218; Franz Blei, Galianis Dialoge über den Getreidehandel, Bern 1895, p. 62; vgl. Araskhaniantz, Die französische Getreidehandelspolitik bis zum Jahre 1789, Leipzig 1882 (Staats- und sozialwissenschaftliche Forschungen IV, 3), p. 149.

[2]) l. c. p. 240.

[3]) Gaudemet, L'Abbé Galiani et La Question du Commerce des Blés à la fin du Régne de Louis XV. 1899, p. 1.

[4]) Wir besitzen von der französischen Korrespondenz Galianis vier Ausgaben, und zwar:

1. Correspondance inédite de l'abbé F. Galiani, conseiller du roi, pendant les années 1765 à 1783, avec Mme d'Épinay, le baron de Grimm, Diderot, et autres personnages célèbres de ce temps . . . par Antonio Serieys, Paris, J. B. Dentu, 1818.

2. Correspondance inédite de M. l'abbé F. Galiani, conseiller du roi de Naples, avec Mme d'Épinay, le baron de Holbach, le baron de Grimm, et autres

Charakteristik des espritvollen, neapolitanischen Nationalökonomen zu liefern. So wurde sie benutzt von Gaudemet, Blei, Sieges, Nicolini und anderen. Aber eine eingehende Würdigung der französischen Briefe fehlt noch, und eine Charakteristik des Abbé Galiani auf Grund seiner französischen Korrespondenz zu versuchen, bietet willkommene Gelegenheit eine erste deutsche Übersetzung der Ausgabe von Perey und Maugras aus der Feder von Heinrich Conrad.[1]) Dieser französische Briefwechsel umfaßt — abgesehen

---

personnages célèbres du XVIII. siècle... avec des notes par M. Salfi, Paris, Chez Treuttel et Würtz, 1818.

3. Lettres de l'abbé Galiani à Madame d'Épinay, Voltaire, Diderot, Grimm, le baron d'Holbach, Morellet, Suart, d'Alembert, Marmontel, la vicomtesse de Belsunce etc.... par Eugène Asse, Paris, Charpentier 1881—1882.

4. L'Abbé F. Galiani: Correspondance avec Madame d'Épinay, Madame Necker... etc., Diderot, Grimm, d'Alembert etc.... Avec une étude sur la vie et les œuvres de Galiani, par Lucien Perey et Gaston Maugras, Paris, C. Levy, 1881, troisième édition, 1890, 2 vols. (Nach dieser 3. Ausgabe wird künftig zitiert.) Die Ausgaben sub 1 und 2 sind schlecht (cf. Sainte-Beuve, Causeries du Lundi II, p. 440.) — Die Ausgabe sub 3 hat wertvolle Noten. Bei weitem die beste ist die auch von mir benutzte Edition von Perey und Maugras. Brunetière nennt in der Revue de deux Mondes, 45, 3, 1885, p. 926 diese Ausgabe „l'une des publications intéressantes qu'on nous eût données depuis longtemps, sur le XVIII. siècle".

[1]) Übertragungen der französischen Korrespondenz Galianis sind mir bekannt geworden:

a) F. Blei, Aus den Briefen des Abbé Galiani, in „Die Insel", herausgegeben von Bierbaum, Heymel und Schröder, I., 1899, p. 11ff. und 129ff.

b) v. Gleichen-Rußwurm, Die Briefe und Dialoge des Abbé Galiani, in Auswahl übersetzt und herausgegeben, Berlin 1907, p. 183ff.

c) Die erste deutsche Übertragung nach Perey und Maugras, die wir im Texte benutzen, stammt aus der Feder von Heinrich Conrad, a. a. O., 1907, 2 Bände. Kritische Bemerkungen zu dieser neuen Ausgabe bieten die Arbeiten von F. Nicolini in der Rassegna Bibliografica della Letteratura Italiana, XV, 11/12, 1907, p. 281ff. und im Giornale Storico della Letteratura Italiana, a. a. O. Nicolini lobt an der Conradschen Übertragung die „gewissenhafte Treue". Er tadelt die Ungenauigkeit in der Orthographie der italienischen Namen und Worte und hält die ganze Übersetzung für überflüssig, da doch jeder Gebildete soviel Französisch verstehen werde, um die Originalkorrespondenz lesen zu können (Rassegna l. c., p, 6/7). Dennoch, glaube ich, wird die deutsche Übertragung manchem willkommen sein. In seiner größeren Arbeit im Giornale Storico, l. c., p. 42ff., wirft Nicolini Weigand und Conrad vor, daß sie in ihre Ausgabe vier ganz apokryphe Briefe aufgenommen hätten, nämlich einen Brief an Caracciolo vom 15. Juli 1775, einen zweiten an d'Alembert vom 27. November 1777 und zwei Briefe an Madame du Boccage vom 20. Februar und 10. Juni 1783. Perey und Maugras

von sechs Schreiben aus den Jahren 1760, 1765 und 1767 — die Korrespondenz Galianis mit seinen Pariser Freunden während der Jahre 1769—1787. Außer diesen berühmten französischen Briefen besitzen wir aber auch italienische Briefe unseres Abbés aus den Jahren 1759—1769, also aus der Zeit seiner Pariser Tätigkeit als Gesandtschaftssekretär. Sie sind im Jahre 1880 von Bazzoni[1]) — freilich sehr ungenügend — ediert worden, und auch diese Sammlung haben verschiedene Autoren, die früher über Galiani gehandelt haben, benutzt. Andere freilich, z. B. Sieges,[2]) haben sie unbeachtet gelassen. Nun hat aber vor wenigen Jahren

waren diesen Briefen gegenüber schon etwas skeptischer. Der Beweis der Unechtheit dieser Briefe, wie ihn Nicolini führt, ist hochinteressant und muß an der angegebenen Stelle selbst nachgelesen werden. Die Übersetzung Conrads, die den französischen Briefstellen im Text zugrunde liegt, bietet manchmal Ungenauigkeiten und leidet zudem an Druckfehlern. Sie hat den Vorzug des engen Anschlusses an das Original, während Blei freier, wohl auch künstlerischer in den wenigen Proben der „Insel" zu übersetzen scheint. v. Gleichen-Rußwurm dagegen übersetzt wieder mehr im engen Anschluß an das Original.

[1]) Augusto Bazzoni, Lettere di Ferdinando Galiani al Marchese Bernardo Tanucci, Firenze 1880. — Das Buch macht schon rein äußerlich keinen erhebenden Eindruck, so sind z. B. die ersten 40 Seiten gar nicht paginiert worden. Scharf hat F. Brunetière (Revue de deux Mondes, l. c., p. 925) die Ausgabe Bazzonis kritisiert. Er meint: „les noms propres français, et mêmes les étrangers, y sont estropiés avec une cruauté qui fait peine. On trouve peu de notes au bas des pages, trop peu de notes, mais des notes, par compensation, bien faites pour surprendre, comme celle où l'éditeur nous apprend qu'en 1760, l'archevêque de Paris s'appelait M. de Peréfixe, M. Bazzoni ne s'est trompé que d'un siècle tout juste. Au surplus, de tous les défauts de la publication de M. Bazzoni, le plus grave, c'est qu'elle est incomplète. Il a choisi les lettres qu'il a crues les plus propres, nous dit-il, à solliciter la curiosité du lecteur. Mais je ne connais que deux moyens de se servir d'une correspondance inédite. Ou bien vous en usez librement pour illustrer la bibliographie de personnage et vous n'en donnez que des extraits qui viennent à l'appui de la vérité du portrait que vous essayez d'en tracer, ct vous faites alors œuvre d'art; ou bien vous faites œuvre d'érudition pure, et, vous effaçant vous-même de la publication, vous donnez alors la correspondance tout entière. Or il suffit de jeter un coup d'œil sur la courte préface de M. Bazzoni pour soupçonner qu'en s'y prenant de sa manière, intermédiaire et arbitraire, il nous a privés de quelques-unes des lettres qui nous auraient le plus intéressés".

[2]) Wilh. Sieges, Der Abbé Galiani, ein Staatsmann und Volkswirt des XVIII. Jahrhunderts, Heidelb. Diss., 1905. Dieser erwähnt dafür im Anhang seiner Schrift, p. 93, eine deutsche Übertragung der Briefe Galianis aus der Feder von Rud. Alex. Schröder im Inselverlag, 1905, die nach Mitteilung des erwähnten Verlags niemals erschienen ist. Vgl. auch Nicolini, Il Pensiero, l. c., p. 414.

die Ausgabe Bazzonis eine wertvolle Ergänzung erhalten durch die Veröffentlichung der Briefe Tanuccis (des neapolitanischen Ministerpräsidenten und Chefs unseres Abbés) an Galiani, die Fausto Nicolini besorgt hat. Dieser Ausgabe sind in den Noten auch Briefstellen aus Galianis Feder beigefügt, die sich nur zum Teil mit den bereits von Bazzoni edierten Briefen decken, zum anderen Teil aber zum ersten Male gedruckt erscheinen.[1]) Soweit ich sehen kann, ist diese Veröffentlichung Nicolinis in der deutschen nationalökonomischen Literatur bislang noch nicht benutzt worden, ebensowenig wie seine sonstigen so wertvollen Arbeiten in italienischen Zeitschriften über unseren Denker. Wenn wir nun im folgenden die Anschauungen Galianis nach seinem Briefwechsel zu schildern versuchen, so geschieht es nicht nur auf Grund der französischen Korrespondenz, sondern auch mit Heranziehung der Publikationen Bazzonis und namentlich Nicolinis. Freilich bleiben die französischen Briefe unsere wichtigste Quelle.[2]) Und darum muß auf ihre Entstehungsgeschichte, die gleichbedeutend

---

[1]) Lettere inedite di Bernardo Tanucci a Ferdinando Galiani, con introduzione, note, e un copioso indice, a cura di F. Nicolini, Napoli 1909, 2 voll. Die Briefe erschienen zuerst im Archivio storico per le Province Napoletane, XXVIII–XXXIII, 1903—1908 (künftig zitiert als „A. St.“).

[2]) Über der Wert den italienischen Briefe Galianis von 1759 bis 1769 kann man verschiedener Meinung sein. Ich habe sie alle durchgearbeitet und auch die Antworten Tanuccis gelesen, muß aber bekennen, daß ich Nicolinis Urteil (A. St., 1903, p. 575), der den italienischen Briefen einen größeren Wert beimißt als den französischen von 1769 bis 1787, nicht beipflichten kann. Für die hohe Politik und ihr Verständnis in einer bewegten Zeit (Ausgang des siebenjährigen Krieges, Teuerung von 1764, Pacte de famille, Erwerbung Corsicas durch die Franzosen, Vertreibung der Jesuiten, Tod der Pompadour und Aufstieg der Dubarry usw.) mögen die italienischen Briefe, denen wir im Texte später wenigstens in kurzen Auszügen begegnen werden, wertvoller sein, für unser Thema aber, für die Weltanschauung Galianis, sind die französischen zum mindesten gleichwertig. Es fehlt den letzteren die doch manchmal ermüdende Kleinlichkeit und Trivialität der Themen, die Ministerpräsidenten und Gesandtschaftssekretär in den italienischen Briefen oft ernstlich beschäftigen. Sie erklärt sich freilich aus dem, auch von Nicolini hervorgehobenen Umstande (l. c., p. 575), daß Galiani verpflichtet war, seinen Chef in Neapel von der kleinsten Sache zu unterrichten, die in Frankreich passierte, schrieb er doch Woche für Woche ohne Wissen seines Vorgesetzten, des Gesandten Grafen von Cantillana (den Nicolini l. c., p. 574 „per quanto ricco di titoli, altrettanto s'era mostrato privo d'intelligenza“ nennt) 10 Jahre lang Briefe an Tanucci, die, an Zahl über 400, zu Neapel im Staatsarchiv aufbewahrt werden. Über

ist mit der Frage der Laufbahn und Abberufung Galianis aus Paris, näher eingegangen werden. Aber auch auf sie fällt durch die

---

Zweck und Art seiner neuen Publikation gibt Nicolini im Vorwort der ersten Serie (A. St., 1903, p. 576ff) ausführlichen Aufschluß. Leider sind die Briefe Tanuccis an Galiani von Mai 1759 bis Dezember 1762 verloren gegangen. Mitgeteilt hat Nicolini die Briefe Tanuccis vom Januar 1763 bis April 1765 — dann kommt ein sechsmonatlicher Urlaub und ein einjähriger Aufenthalt Galianis in Neapel — und vom Dezember 1766 bis Mai 1769, d. h. bis zu seiner Abberufung von Paris. Nicolini, in dessen Familie seit mehr als 100 Jahren sich das „Galianische Archiv" befindet (vgl. Note 2 im A. St., 1903, p. 576), hat ein genaues Verzeichnis des ganzen Galianischen Archivs in der Zeitschrift von B. Croce „La Critica"(I, fasc. V, p. 393ff.) publiziert und in derselben Zeitschrift (voll. I und II) auch als Proben einige Briefe französischer und anderer Korrespondenten an unseren Abbé folgen lassen. Besonders wichtig ist alsdann Nicolinis bereits öfter zitierter Pensiero . . ., in seinem 2. Teil, der die Korrespondenz und verwandte Quellen zur Aufhellung der Hauptgedanken Galianis systematisch verwertet. Der „Pensiero" bietet endlich auch eine sorgfältige Bibliographie am Schlusse des Bandes. Vgl. auch Nicolini, Note 1 zu p. 55, Giornale Storico, l. c. — Nicolini plant, wie er an der soeben erwähnten Stelle mitteilt, eine große Ausgabe des Briefwechsels Galianis, in der neue historische und literarische Urkunden vorgelegt werden sollen. Nach einem freundlichen Schreiben an mich vom 21. September 1910 denkt sich Nicolini diese umfassende Publikation folgendermaßen. Er schreibt mir (deutsche Übersetzung): „Ich habe vor, den ganzen Briefwechsel Galianis zu veröffentlichen in der Sammlung der Scrittori d'Italia. Der Briefwechsel wird in drei Teile eingeteilt werden: a) Jugend-Korrespondenz (1 Band), d. h. Briefe von und an Galiani von 1748 bis April 1769, ausgenommen den diplomatischen Briefwechsel mit Tanucci. b) Diplomatischer Briefwechsel mit Tanucci (2 Bände). c) Korrespondenz von April 1769 bis Oktober 1787 (3 Bände). Dieser letzte Teil wird zum erstenmal veröffentlicht werden und wird all die Briefe der 2. Ausgabe Perey-Maugras' enthalten, außerdem die unveröffentlichten Antworten darauf. Darunter werden ungefähr 400 Briefe der Frau von Épinay sein, von Diderot, Grimm, Holbach, d'Alembert usw., welche, ich wiederhole es noch einmal, alle unveröffentlicht sind. Daraus können Sie gut das Interesse der Publikation ersehen. Was die diplomatische Korrespondenz mit Tanucci betrifft, so beabsichtige ich nicht, die davon im Archivio storico Napolitano gegebene Ausgabe zu reproduzieren". Sobald das neue Werk Nicolinis erschienen ist, werde ich darauf zurückkommen. Ich behalte mir vor, die vorliegende Abhandlung alsdann zu ergänzen. Die im Texte verwandte deutsche Übertragung der italienischen Briefe Galianis an Tanucci (nach den Publikationen Bazzonis und Nicolinis) ist auf meine Anregung und in meinem Auftrage von Herrn Dr. Schöffler in Leipzig hergestellt worden, der sich mit großer Liebe in seine Aufgabe vertieft hat. — Etwaige Sperrungen in den im Text angeführten französischen und italienischen Briefstellen stammen von mir.

weiter zurückreichende italienische Korrespondenz mit Tanucci manchmal neues Licht.

Ich deute zunächst die Entstehungsgeschichte der französischen Korrespondenz an. Seitdem Nicolini auf Grund von 23 dicken Bänden von Manuskripten, die sich in Verwahrung des Staatsarchivs von Neapel befinden, den Nachweis geführt hat,[1]) mit welchem Fleiß Galiani als neapolitanischer Gesandtschaftssekretär in Paris gewirkt hat — man vergleiche dazu die früher zitierten langen Berichte, die er wöchentlich an seinen Chef, den Minister Tanucci, zu senden pflegte —, seitdem sind wir über die politische Tätigkeit des Abbés näher unterrichtet.

Galiani, der als zunächst unbesoldeter Gesandtschaftssekretär an der Neapolitanischen Gesandtschaft zu Paris unter Cantillana tätig war, hat dort eine weit über seinen an sich bescheidenen Posten hinausgehende politische Wirksamkeit entfaltet, zumal sein Pariser Chef, wie schon erwähnt, recht unbedeutend war. Cantillana, der eigentliche Titulargesandte, begnügte sich damit, wie es Nicolini ausdrückt, unter die offiziellen, von Galiani verfertigten Schriftstücke „eine magere und eckige Unterschrift zu setzen".[2]) So ist es nicht unrichtig, wenn in diesem Sinne Brunetière von unserem kleinen Abbé sagt:

„Il était bien le secrétaire de l'ambassade de Naples, mais il était surtout la gazette officieuse de Tanucci. Ce dut être plus d'une fois, j'imagine, de quoi gêner son ambassadeur, ainsi placé sous l'œil malin d'un subalterne, mais peut-être n'est-ce pas de quoi prendre rang dans la grande histoire".[3])

Und in der Tat hat Galiani einen „entnervenden Kampf gegen den dumpfen Obstruktionismus Cantillanas führen müssen", der

[1]) Giornale Storico, l. c., p. 25f. Nicolini rühmt (p. 26) Galianis sehr hohe Auffassung von seinen Amtspflichten und seine peinliche Rechtschaffenheit. Und vor allem geht aus dem auch von uns herangezogenen Briefwechsel mit Tanucci (vgl. die früher erwähnten Publikationen Bazzonis und Nicolinis) seine kolossale Vielseitigkeit hervor, muß er doch über die verschiedensten Dinge Gutachten erstatten usw.

[2]) Giornale Storico, l. c. p. 25... „si limitava ad apporoi una firma stecchita e angolosa, come il suo carattere morale".

[3]) Revue de deux mondes, 1881, l. c. p. 929. — Und Perey und Maugras („Dernières Années de Madame d'Épinay, Son Salon et Ses Amis", [8], p. 173) drücken das Verhältnis Galianis zu Cantillana so aus: „le prétendu sécretaire d'ambassade était le véritable ambassadeur".

„inetto a far lui tante belle cose, non amava che le facessaro gli altri".[1]) Trotz seiner ausgesprochenen Vertrauensstellung bei Tanucci litt Galiani unter dem Widerspruch zwischen den ihm gestellten oft recht bedeutsamen Aufgaben und seinem subalternen Sekretärposten. Das geht deutlich aus seinem italienischen Briefwechsel mit Tanucci hervor. So klagt er in einem Briefe vom 15. September 1760, daß er die „Ursache seiner Hypochondrie, seiner Klagen uud seiner Bitten, zurückkehren zu dürfen", in dem „Unansehnlichen des Amtes (l'ignobilitá dell' impiego)" erblicke, zu dem man ihn verdammt habe. Und er fügt hinzu: „die Sekretäre haben hier keine Achtung, und die, die hier sind, haben keine andere Carriére vor sich, als Sekretariatsbeamte an ihren Höfen zu werden".[2]) Und wenige Wochen später (am 6. Oktober 1760) nennt er sich selbst einen „politisch verstorbenen Körper", der erst durch Tanucci „wieder zu den traurigen Ämtern des Lebens zurückgerufen werde".[3]) Deutlich geht die Obscurität seiner Stellung — wenigstens nach seiner Auffassung — aus einem späteren Brief vom 21. Februar 1763 hervor, in dem er an Tanucci schreibt[4]):

„Aber ich bitte Ew. E., daran zu denken, daß ich in dieser Welt nichts bedeute; ich erfreue mich daher nur des einzigen Privilegs, welches das Nichts hat, non entis nullae sunt proprietates. Was ich sage, mache, schreibe, wird immer Nichts sein müssen und ohne Bedeutung. Cantillana ist etwas. Deshalb würde das, was er sagte oder machte, etwas sein, und dies, glaube ich, macht ihn ebenso sehr zurückhaltend, wie ich im Gegenteil verwegen und mutig bin".

Auch von ängstlichem Bestreben, sich seine Karriere zu sichern und nicht gewöhnlichem politischen Ehrgeiz wissen die italienischen Briefe Galianis zu erzählen. Er möchte sich versichert halten, seinem König das ganze Leben dienen zu können (8. August 1763)[5]); den Ministern der Regentschaft zu Neapel, die ihm nicht so wohl zu wollen scheinen, wie Tanucci, verargt er es, daß man ihn für

[1]) vgl. Nicolini, Giornale..., l. c. p. 26.

[2]) Bazzoni, a. a. O., p. 27 der unpaginierten Seiten.

[3]) Bazzoni, a. a. O., p. 29 der unpaginierten Seiten: „Io cadavere estinto alla politica son richiamento ai tristi offizi di vita dall' antorevole voce della sua confidenziale dei 13, ed obligato a purgarmi d'una riconvenzione".

[4]) Bazzoni, l. c. p. 73.

[5]) Bazzoni, l. c. p. 91.

ungeeignet zu einem Staatsamt hält, weil er ein Geistlicher sei: „Ich kann nicht ertragen,“ so ruft er aus,[1]) „daß man einem Untertan des Königs sagt, daß er nicht dazu gemacht ist, ihm zu dienen; wer dies sagt, dem rufe ich zu: Anathema!“ Immer wieder mahnt er Tanucci an seine Versprechungen und beruft sich darauf, daß er die außerordentlichen Ausgaben seiner Mission stets aus eigener Tasche bestritten habe. So schreibt er am 23. Januar 1764[2]): „Ich habe immer gehofft, aber jetzt ist das Geld zu Ende, und die Hoffnungen sind noch nicht erfüllt. Tatsächlich weiß ich nicht, wie ich es machen soll. Ein schlechtes Jahr nimmt mir den größeren Teil der Einkünfte meiner Abteien. Wenn Sie mir nicht helfen, ich habe keine Verwandten noch Freunde, an die ich mich wenden könnte“.

Die Furcht blind zu werden kommt hinzu, und darum läßt er nicht ab, seinen Gönner um Sicherstellung seiner Zukunft zu bitten. Charakteristisch dafür ist die folgende Briefstelle vom 16. April 1764[3]): „So große Anstrengungen ich mache, um mich zu überzeugen, daß Ew. E. nicht kann, wird immer ein Dämon mir ins Ohr sagen, daß Sie nicht gewollt haben. Quod absit. Ich kann mich nicht überzeugen, daß der Katholische König,[4]) der alle Momente seiner Regierung nach den Wohltaten und Gunstbezeugungen zählt, die er jederzeit gemacht hat, gewollt hätte, daß die Untertanen des Königs seines Sohnes ohne Hoffnung blieben, belohnt zu werden, wenn sie gut dienten. Sicherlich ist die Regentschaft keine nichtwohltätige Gottheit, die nur Böses tun kann und der man opfern muß, ne noceat. Gutes und Böses hat Ew. E. tun können und kann es noch. Und wird immer mehr Gutes als Böses tun. Wenn der Katholische König das, was das Wesen der Königlichen Autorität ausmacht, das Wohltun, eingedämmt hat, so hat er weise eine Gelegenheit zum Mißbrauch, zum Zwiste weggenommen, aber die Möglichkeit, ihn um die Einhauchung des Tätigkeitsgeistes zu bitten, bleibt immer. Diese wirkungsvolle Gunst des Katholischen Königs, der dat velle et perficere, möge Ew. E. zu meinen Gunsten anflehen,

---

[1]) ibidem p. 92.

[2]) Bazzoni, l. c. p. 104.

[3]) ibidem p. 115; vgl. auch Äußerungen auf p. 121, 122, 125, 128, 188.

[4]) Gemeint ist der König Karl III. von Spanien, der für seinen Sohn, den unmündigen Ferdinand IV. von Neapel, eine Regentschaft eingesetzt hatte, deren treibende Kraft Tanucci war.

und dann werden Sie alles haben, was der strengste Jansenist erfordert, um Gutes zu tun. Wenn Sie es nicht tun, so werde ich sehr bitterer Molinist. Aber entfernen wir diese schwarzen Gedanken von der Seele. Vielleicht hat Ew. E. in dem Augenblick, wo ich schreibe, das schon gemacht, was die Freundschaft, die väterliche Liebe und ich sage auch die Pflicht zu einer Gegenseitigkeit in der Liebe zu meinen Gunsten erfordern. Vielleicht erwarten Sie nur die Antwort des Katholischen Königs, um mich zu trösten".

Endlich geht aus einem von Nicolini [1]) abgedruckten Briefe hervor, daß unser Abbé direkt danach strebte, Titulargesandter in Paris zu werden.

Jedenfalls sind seine Klagen über den Pariser Posten nie ganz verstummt in dem Dezennium von 1759—1769, das wir zu beobachten imstande sind. Den Sekretärposten empfand er stets als seiner unwürdig, auch nachdem ihm durch Tanuccis Vermittlung ein Extrahonorar bewilligt worden war. Ganz anders lautet sein Urteil über Paris, das sich von Nörgelei und beständiger Empfindlichkeit bezüglich Lage und Witterung bis zur aufrichtigen Begeisterung entwickelt hat. Seine Korrespondenz mit Tanucci, etwa von 1759—1767, läßt diese Steigerung deutlich erkennen. So schreibt er im ersten Jahre seines Aufenthaltes (25. Juni 1759) [2]):

„Meine Gesundheit hier überwindet die Nachteile der Lage nicht mit so viel Kraft, wie ich möchte. Wirklich, der Eindruck ist hart. Sehr schlechte und drückende Luft, giftiges Wasser, unglaubliche Merkwürdigkeit des Klimas, kein Schnee, keine Früchte, kein Käse, keine Seeschönheiten, das sind alles harte Schläge für eine neapolitanische Maschine".

Und am 30. Juli 1759 [3]): „Ich bin schon von der Illusion befreit, und ich weiß, daß ich für Paris nicht geschaffen bin. Die Lebensweise, die Anstrengungen, der Charakter, die Art zu denken und alle meine anderen natürlichen Fehler werden mich hier immer den Franzosen unerträglich machen und mich mir selbst".

Namentlich im Sommer ist unserem Abbé das Pariser Klima zuwider, im Winter fühlt er sich wohler. Er schreibt an Tanucc

---

[1]) Nicolini, A. St. 1905, p. 228 Note 2.

[2]) Bazzoni, l. c. p. 8 der unpag. Seiten.

[3]) ibidem p. 10 der unpag. Seiten.

im Jahre 1761[1]): „Daraus entsteht das Phänomen, daß ich im Sommer ehrgeiziger als im Winter bin; der Ehrgeiz ist eine Krankheit des Geistes, die immer von der körperlichen Krankheit herkommt. Ew. E. betrachten ihn also wie einen Rheumatismus, wenn ich je in diesem Monat zuviel gehabt hätte".

In den späteren Jahren seines Pariser Aufenthaltes tritt die Freude über die Tätigkeit in einem Kulturzentrum stärker hervor als die grämliche Klage über das ungünstige Klima. So schreibt er 1762[2]): „Ich bin jetzt überzeugt, daß der Aufenthalt in Paris eine beständige Überlegenheit über die gibt, die anderswo sind: Sei es nun, daß man an der Quelle der Sache steht, sei es, weil dies das Land ist, wo die Geheimnisse am leichtesten zu durchdringen sind. Das Schwierige ist hier nicht, sie zu wissen, sondern sie aus sovielem, was man sagt, herauszusuchen. Die, welche in England, in Holland, in Turin usw. wütend sind, nichts zu wissen, und trotzdem bei Ew. E. zur Geltung kommen wollen, schreiben und schreiben Fehler. Gott weiß, wie vieles andere über die Kongresse sagen, die hier angefangen haben. Ich hoffe, ihnen zwar nicht viel, aber wenigstens das Wahre zu sagen, was ich weiß".

Wenn auch noch manchmal die Klagen wiederkehren,[3]) es überwiegt jetzt doch die Freude an der schönen, interessanten Stadt und die Dankbarkeit für seine Pariser Freunde. Man lese die folgende Briefstelle vom 5. Dezember 1767[4]): „Ew. E. verlangt von mir Erklärung für meine Liebe zu Paris und hört nicht auf, sich über meine Hinneigung zu Paris zu wundern. Ich erkläre mich. Ich habe in Neapel keine andere sichere Liebe, ich kann nicht bestimmt sagen, daß mich jemand anders liebt, außer Ew. E. Ihre Liebe zu mir ist ganz mein Verdienst. Aber die anderen, die mich lieben und sagten, mich zu lieben, liebten sie Galiani, oder liebten sie den Freund Tanuccis? War es ein Strahl oder nur ein Wiederschein? Liebten diese Verwandten, Freunde, Vertrauten usw. mich oder den Handelsrat und ihr zukünftiges

---

[1]) Bazzoni, l. c. p. 18: „l'ambizione è una malattia dello spirito, che proviene sempre da quella del corpo".

[2]) Bazzoni, l. c. p. 47: ... „Sono ora persuaso, che lo stare in Parigi dà una costante superiorità su quei che sono altrove".

[3]) z. B. Bazzoni, l. c. p. 138.

[4]) Bazzoni, l. c. p. 142.

Geld? Liebten diese netten Leute mich oder den Neffen jenes Monsignor Galiani, der den einen zum Bischof, den anderen zum Professor und den Dritten zu ich weiß nicht was machte. War es Dankbarkeit oder Neigung? Die Lösung dieses Problems ist für mich und meine eifersüchtige Eigenliebe, die jeden Widerschein haßt, so zart, daß ich in Neapel außer mit dem Hause Tanucci, das eine sichere und klare Liebe zu mir hegt, mich nur in Freundschaft mit Milady, mit den Kaunitz, mit den Hamilton abgegeben habe, Leute, die von mir nichts zu fürchten und nichts zu hoffen haben, daß ich mich aber mit meinen Landsleuten nicht weiter befreundet habe. In Paris bin ich ganz ich.[1]) Dieses Ich ist gleich Null. Also wenn man mich liebt, und mich lieben viele, so muß ich hier dieses Problem für gelöst angeben, vor dessen Lösung ich in Neapel Furcht hatte".

Und am 23. Februar 1767 meint er[2]): „Vielleicht bin ich, weil jeder Körper nach seinem Orte strebt, nach Paris gefallen, wo ich wahrscheinlich ewig bleiben werde. Die Gefahr zu drehen hört schnell auf, wenn man vom Faden abgeschnitten ist, weil der Stoß von hinten fehlt, der die große Kraft alles dessen ist, was man Glück nennt. Wenige werden gezogen, die meisten werden geschoben".

Im Mai 1769 wird Galiani plötzlich aus Paris abberufen. Diese Abberufung — ich komme gleich darauf zurück — geschieht, soweit man heute sehen kann, ohne Zweifel auf Veranlassung des französischen Ministers des Äußeren, des Herzogs von Choiseul, der als Günstling der Marquise von Pompadour von 1758 bis 1770, in den letzten Jahren fast allmächtig, die äußeren Geschicke Frankreichs lenkt und dessen Name in dieser Periode vor allem mit dem Bourbonischen Familienpakt, der Vertreibung der Jesuiten und der Erwerbung Corsicas verknüpft bleibt.[3]) Galianis Verhältnis zu dem mächtigen Staatsmann scheint zuerst, wie aus seinen Briefen an Tanucci hervorgeht, ein durchaus gutes gewesen zu sein. Choiseul hat sich in der so diplomatisch verwickelten Zeit des

[1]) ibidem: „In Parigi io sono tutto io".

[2]) ibidem p. 149.

[3]) vgl. über Choiseul Lavisse-Rambaud, Histoire Générale du IV. Siècle A Nos Jours, Tome VII, 1896, p. 344ff.; Soulange-Bodin, La Diplomatie de Louis XV. et le Pacte de famille, 1894, p. 105ff. (Dazu F. Salomon, Deutsche Literaturztg., 1894, Nr. 21.) Vgl. auch Gaudemet, l. c. p. 42ff.

Siebenjährigen Krieges gern mit dem geistsprühenden und scharfsinnigen Italiener unterhalten. Und Galiani ist des Lobes voll über den Herzog und rühmt immer wieder die Auszeichnung, mit der er von dem mächtigen Minister behandelt werde. Davon legen zahlreiche Briefstellen Zeugnis ab.[1])

Es steht nun fest, daß Galiani die Politik seines Ministers Tanucci vertrat, und das ist zweifellos eine dem „Pacte de famille“ feindlich gesinnte antifranzösische Politik gewesen.[2])

Wir wissen jetzt namentlich auf Grund der Nachforschungen von Ferraioli und Perey-Maugras,[3]) daß Galianis Abberufung in der Stellung Tanuccis' zum Pacte de famille ihre Ursache hat, der 1761 beide Linien der Bourbons (Frankreich-Spanien) vereinigte.[4]) Tanucci war im Interesse der Selbständigkeit des Königreiches Neapel ein Gegner des Familienpaktes. Als England mit Rußland eine Koalition schließt und Dänemark zum Beitritt auffordert, erhebt Choiseul Einspruch, zunächst ohne Erfolg. In dieses Stadium fällt die Abberufung unseres Abbés aus Paris, dessen Stellung zum Familienpakt zunächst nach den Briefen zu untersuchen ist.

Prüft man die Briefe Galianis an Tanucci in bezug auf Äußerungen über den Pacte de famille, so scheint es mir allerdings wahrscheinlich zu sein, daß Tanucci und Galiani ein fein gesponnenes Ränkespiel gegen Choiseul eingeleitet haben. Galiani hatte — soweit ich sehe — gleichsam den Auftrag von seinem Herrn und Meister in politicis erhalten, Choiseul bezüglich des Beitritts des Königreiches beider Sizilien zum Pacte de famille zu beruhigen bezw. ihn hinzuhalten. Und wie er dieser heiklen Aufgabe gerecht zu werden suchte, zeigt ein Schreiben unseres Abbés vom 15. August 1763, in dem eine Unterredung mit Choiseul erzählt wird,

[1]) vgl. vor allem Bazzoni, l. c. p. 20, 139, 145.

[2]) vgl. auch Nicolini, Giornale l. c. p. 26.

[3]) Ferraioli, Un fallo diplomatico dell' abb. Galiani in Archivio Storico Napol.... l. c. 1880, V, p. 690 ff. und Perey-Maugras, l'Abbé F. Galiani Correspondance l. c. I. p. XLII ff. Die Depeschen des Herzogs von Choiseul und des französischen Gesandten zu Neapel hat man wiedergefunden. Vgl. auch Blei, Galianis Dialoge über den Getreidehandel a. a. O. p. 31 ff. und Weigand-Conrad, Die Briefe des Abbé Galiani a. a. O. p. VI ff.

[4]) vgl. auch zum folgenden Perey-Maugras, Correspondance I p. XLIII; Weigand, l. c. p. XII p.; Gaudemet, l. c. p. 42 ff. und Blei, Galianis Dialoge p. 31 ff.

der sich über die Gleichgültigkeit Tanuccis dem Pakt gegenüber beschwert hat. Darauf hat Galiani seinem Briefe gemäß [1]) geantwortet: „Daß es für mich feststände, daß Ew. E. mehr als jeder andere zum Familienpakte beigetragen hätte, indem Sie dieses Band empfahlen und es dem sehr weisen katholischen Könige immer einschärften; daß dies die alte mir gegebene Instruktion wäre, als ich hierher kam, die Trinität zu predigen (ich glaube, daß Ew. E. sich entsinnen werden, daß Sie eines Nachmittags in Caserta mir jene lange Rede über das Dreifältig und doch Eins hielten, die, wie Sie mir sagten, auf jeden Fall befolgt werden müßte). Kurz, daß ich tausend Dokumente an der Hand hätte, die ich dem Herzog vorlegen könnte, um zu beweisen, was ich sagte".

In den übrigen Briefen tritt die Abhängigkeit Neapels von Spanien stark hervor. Und geschmeidig schreibt Galiani an seinen Minister. [2]): „Mit den katholischen König gibt es keinen Pakt, keine Hoffnung, kein Versprechen, außer der Ehre und dem Vergnügen, ihm zu dienen."

Im April 1764 hatte Galiani einen 6monatigen Urlaub angetreten, blieb dann aber noch ein Jahr in Neapel, um Tanucci bei der Entwirrung diplomatischer Schwierigkeiten behilflich zu sein. Die im Besitz Nicolinis [3]) befindlichen Manuskripte Galianis vermögen diese lange Abwesenheit von Paris zu erklären. Und danach scheint Tanucci Choiseul gegenüber auch nach dem Friedensschlusse von 1763 „den Zerstreuten zu spielen". [4]) Die Beziehungen zwischen Neapel und Frankreich verschlechterten sich. Erst 1765 erhielt Tanucci den offiziellen Dispens von Karl III. von Spanien, nicht beitreten zu brauchen. [5]) Nach Paris zurückgekehrt, gelingt es Galiani nicht, das alte Vertrauensverhältnis zu Choiseul wiederherzustellen. Aus dem Briefwechsel zwischen Galiani und Tanucci geht hervor — und das bestätigt Nicolini [6]) —, daß die

[1]) Bazzoni, l. c. p. 95.

[2]) Bazzoni, l. c. p. 192.

[3]) Note zu A. St. 1905, p. 213.

[4]) ibidem p. 214: „Il Tanucci fece il distratto".

[5]) Als Ersatz wurde Frankreich ein Handelsvertrag angeboten, und in die vorbereitende Kommission ist auch Galiani berufen worden. Vgl. Nicolini a. a. O. p. 214/15. Die Kommission tritt aber nie zusammen, und Galiani kehrt Oktober 1767 nach Paris zurück.

[6]) ibidem p. 215 Note.

Ungnade des Herzogs in erster Linie durch Redereien von Durfort und Dumas bewirkt worden ist. Um was es sich hierbei handelt, geht leider nicht deutlich aus der italienischen Korrespondenz hervor. Nur so viel scheint klar zu sein, daß man Galiani und seinen Chef politischer Quertreibereien bezichtigte. So schildert Galiani drastisch das Mißtrauen Choiseuls ihm gegenüber in verschiedenen Schreiben an Tanucci, freilich immer noch von der Hoffnung erfüllt, durch sein geschicktes Auftreten den Herzog zu versöhnen und die Verleumdung der Dumas und Durfort zurückzuweisen.[1]) Und auch Tanucci stellt in seinen Briefen beide Männer als die eigentlichen Brunnenvergifter in Sachen Frankreich-Neapel hin.[2]) Aber das Schicksal Galianis war besiegelt. Choiseul erfuhr von einer Unterredung Galianis mit dem dänischen Gesandten in Paris, dem Baron v. Gleichen. Eine Abschrift der Depesche, die den Inhalt der Unterredung wiedergab, gelangte in Choiseuls Hände, und aus ihr ging hervor, daß der neapolitanische Hof dem bourbonischen Familienvertrag nicht beigetreten sei und seine Unabhängigkeit den Höfen von Madrid und Frankreich gegenüber zu wahren gedenke.[3]) Choiseul verlangte die Abberufung Galianis, die am 6. Mai 1769 durch eine Depesche Tanuccis an Galiani in der Tat erfolgte. Sie traf unseren Abbé wie ein schwerer Schicksalsschlag.

Bewegt schreibt er am 29. Mai 1769 an Tanucci[4]):

„Eine sehr zornige Rede gegen mich, die vor ungefähr zwei Monaten der Herzog von Choiseul Castromonte gegenüber in ganz allgemeinen Ausdrücken hielt, ließ meinen Botschafter und mich, als wir die Zeiten des Briefwechsels verglichen, für die Woche schon eine Neuigkeit erwarten. Jedoch weder er noch ich erwarteten die, die gekommen ist. Es schien mir, daß ich, da ich hier zwei Gesandte habe, Personen, die erhaben sind über jeden Tadel, die über meine Führung wachen, die darüber Zeugnis ab-

---

[1]) vgl. A. St. 1905, p. 237/38 Note 1, 427 Note 1, 456 Note 2; A. St. 1906, p. 204 Note 1.

[2]) vgl. A. St. 1903, p. 738 u. 710 sowie A. St. 1905, p. 225.

[3]) Abgedr. ist diese Depesche bei Perey-Maugras, l. c. p. XLIII ff.; vgl. auch zum folgenden Ferraioli, a. a. O. Einzelheiten finden sich auch bei Blei, Weigand u. a. Darum wird die Frage der Abberufung im Texte nur so weit behandelt, als es für das Verständnis des folgenden notwendig erscheint.

[4]) Bazzoni, l. c. p. 224/25; vgl. auch Weigand, a. a. O., p. XIII und Sieges, a. a. O. p. 27.

legen können, die, da sie an Ort und Stelle sind, sozusagen meine natürlichen Richter sind, die mich sehr lieben und völlig in jeder Richtung mit mir zufrieden sind, sicher sein könnte, daß mir nichts Übles zustoßen könnte. Es ist nicht so gekommen, und mir ist das passiert, was ich nach dem Tode als das größte Übel, was mir passieren könnte, empfinde. Wenn ich's verdient habe, so will ich still sein, wenn ich's nicht verdient habe, so verzeihe Gott die Ungerechtigkeit dem, der sie mir angetan hat.[1]) Ew. E. ist es sicher nicht gewesen. Obgleich ich keine Briefe mehr von Ihnen bekomme, so kann ich doch nie glauben, Ihre Gunst und Liebe verloren zu haben. Die verliert kein Unschuldiger. Die verliert auch kein Angeklagter, wenn er nicht völlig überführt und ein Beweis für seine Schuld vorhanden ist. Ich werde jedoch dem Befehle des Königs blind gehorchen; dies ist mein Wille".

Dabei spielt Choiseul die Rolle des durch die Abberufung Überraschten und erweist dem Scheidenden allerlei Freundlichkeiten.[2]) Und welche Achtung und Liebe bringen Galiani erst seine Freunde entgegen, als er sich verabschiedet. Stolz schreibt er, er sei geliebt worden, und er fügt hinzu: „Im ganzen muß ich mich des Benehmens aller gegen mich rühmen, und ich habe Gelegenheit gehabt, die Liebe kennen zu lernen, die man gegen mich hat: Soviel Auszeichnungen, soviel Liebkosungen sind eine bessere Medizin für meine Gesundheit gewesen als alle anderen, die ich genommen habe; aber der Geist ist noch niedergeschlagen und der Körper ist noch nicht ganz gesund. Vielleicht ist meine Geschichte beendet. Gott sei Dank endigt sie ohne Schande und ohne Erröten".[3])

Das ist der letzte von Paris aus geschriebene Brief! Aber auch noch aus der französischen Korrespondenz ertönen die Klagen.

So schrieb der Abbé am 3. Februar 1770 an Frau von Épinay: „On m'a arraché de Paris et on m'a arraché le cœur".[4]) Überaus bitter

---

[1]) „Se l' ho meritato, mi uniformo; se non l' ho meritato, Dio perdoni l' ingiustizia a chi me l' ha fatta."

[2]) Bazzoni, p. 225.

[3]) Bazzoni, l. c. p. 226: „tante distinzioni, tante carezze sono state miglior medicina alla mia salute, che ogni altra presa; ma l' animo è abbattuto ancora, ed il corpo non è sano in tutto. Forse la favola mia è finita. Grazie a Dio finisce senza vergogna e senza rossore".

[4]) Perey et Maugras, l'Abbé F. Galiani, Correspondance a. a. O. I, p. 68.

mußte der gewandte Causseur, der eine solch dominierende Rolle in den Pariser Salons gespielt hatte, diese Verbannung empfinden, die ihm aus der Weltstadt in sein kleines Königreich verschlug. Beweglichen Aufschluß über seinen Kummer, seine weitere politische Tätigkeit, seine ökonomischen und philosophischen Anschauungen gibt nun die umfangreiche französische Korrespondenz,[1]) die uns in erster Linie dazu dienen soll, im folgenden eine Charakteristik des eigenartigen Mannes zu versuchen. Die Adressaten der französischen Briefe von 1769 bis 1785 sind in erster Linie seine Pariser Freunde, darunter vor allen Dingen die Frau von Épinay, die Freundin Grimms und Rousseaus, ferner Madame Necker, Mad. Geoffrin, Diderot, Grimm, d'Alembert, Holbach und andere. Man sieht, die Adressaten sind, von wenigen Ausnahmen abgesehen, allgemein bekannte und prominente Persönlichkeiten, in deren Pariser Salons sich Galiani wohl und heimisch gefühlt hatte, dank seiner Anpassungsfähigheit an den damals beliebten „esprit classique", wie ihn Taine genannt hat.[2]) Über den Verkehr in den Pariser Salons während des Ancien Régime am Vorabend der französischen Revolution sind wir ja mannigfach unterrichtet, so daß wir uns ein genaues Bild davon machen können. Auch wird in einigen Quellen der Name Galiani des öfteren genannt.[3])

---

[1]) Über sie sagt Brunetière a. a. O., p. 940: „Il essaye pour tromper ses regrets, d'entretenir une vaste correspondance avec ses amis de Paris".

[2]) Auf die Auffassung Taines kommen wir am Schlusse der Abhandlung zurück.

[3]) Wer näheren Aufschluß über die verschiedenen Adressaten und die Pariser Salons wünscht, in denen Galiani verkehrte und die Gäste durch sein geistvolles Geplauder entzückte, findet ihn in folgender Literatur: Marmontel, Leben, Schicksale und Selbstgeständnisse (1805) II, u. 2. Aufl. IV; Sainte-Beuve, Causeries du Lundi 3. Aufl. Bd. 2 (namentlich über den Salon der Madame Geoffrin: „le salon le plus complet, le mieux administré de son temps" p. 309); Brunetière, Revue de deux mondes (1881), p. 933 ff. Am lebendigsten schildern uns das Gesellschaftsleben der damaligen Zeit die Memoiren der Madame d'Épinay (vgl. auch Causeries du Lundi 3. Aufl. II p. 187 ff.). Auch das Buch von Perey et Maugras, Dernières Années de Mme. d'Épinay (a. a. O. p. 159, 30 ff. u. 386 ff.) ist heranzuziehen. Auch Weigand (a. a. O. p. XLIII ff.) führt gut in das Milieu ein. Viel Material, auch speziell über Galiani, bietet die „Correspondance littéraire" von Grimm, Diderot usw., ed. Maurice Tourneux, 16 vols., namentlich XI, 28 ff., VIII, 339 ff., 150 ff., 328, VI, 35, 151 ff., X, 107 f., IX, 19, 231. Endlich geben auch die Briefe Galianis an Tanucci ab und zu Aufschluß über seine Pariser Freunde. Vgl. z. B. Bazzoni a. a. O. p. 215/16 und namentlich 131 ff. (über die Enzyklopädie).

Ich nannte früher die Korrespondenz Galianis sein drittes Hauptwerk, indem ich dabei von seinen dichterischen und philologischen Versuchen, auf die vor allem jetzt wieder Nicolini aufmerksam macht,[1]) absah. Als Gesamtwerk ist die Korrespondenz jedenfalls eine wahre Fundgrube für die sozialen und politischen Anschauungen und für das Weltbild unseres Denkers.

Vermittels seiner Briefe an die Pariser Freunde wollte Galiani nach seiner Abberufung aus Paris der Langeweile, der Schwerfälligkeit und der Traurigkeit entgehen. Das sind die drei Mächte, die ihm zufolge in Neapel herrschen. Die Briefe selbst sind als Ganzes genommen unvergleichlich. Hofmiller meint, ihre gelegentliche leise Traurigkeit unterbreche wie ein kurzes, dunkles Adagio ihre geistreiche Heiterkeit, die ihr eigentliches Element sei.[2]) Und auch Nicolini ist der Überzeugung; er meint, daß der französische Briefwechsel unseres Abbés ihn als Menschen und Schriftsteller uns am besten sehen läßt.[3]) Die Korrespondenz besteht aus autobiographischen Betrachtungen, aus philosophischen Spekulationen, ökonomischen und politischen Diskussionen, historischen und literarischen Urteilen, und alles „in prickelnder, maßvoller, sich einprägender Form, voller Lebhaftigkeit und Natürlichkeit".[4])

Galiani ist kein Systematiker gewesen; auch er gehört zu den großen Fragmentisten des 18. Jahrhunderts. Aber — darin hat sein Landsmann Nicolini recht[5]) — in der Kunst, die vier Seiten eines Briefbogens zu füllen und darin den Inhalt einer Abhandlung, ja selbst eines Buches zu verdichten, können wenige, auch die größten Schriftsteller, kaum mit ihm wetteifern.[6])

---

[1]) vgl. Nicolini, Il Pensiero . . . 1909.

[2]) Der Abbé Galiani, Süddtsch. Monatshefte, August 1907, p. 182 (jetzt auch in seinem Buche „Versuche"). Vgl. auch das Urteil Franz Bleis, Prinz Hypolit und andere Essays, 1908, p. 81.

[3]) Giornale a. a. O. p. 33.

[4]) ibidem p. 33: „e tutto, anche i lughi commi, inevitabili nelle corrispondenze, detto con forma scoppiettente, sobria, incisiva, piena di naturalezza e di brio".

[5]) ibidem p. 33: e„ ben si può dire che, nell' arte di riempire le quattro facciate d' un foglietto, condensando in esse il contenuto d' una dissertazione e, magari, d' un libro, pochi serittori, anche grandissimi, possano gareggiare con lui".

[6]) F. Blei (Die galante Zeit und ihr Ende, p. 16) nennt die Briefe jener Zeit „fixierte Toilettenkunststücke des Geistes".

Wir sind uns wohl bewußt, wie schwierig es ist, ein solch farbensprühendes Kaleidoskop, wie es die französische Korrespondenz Galianis darstellt, neu zu konstruieren, aber indem wir uns unserem früheren Vorsatz gemäß zugleich an die italienische Korrespondenz halten, wagen wir den Versuch und wollen uns namentlich in dreifacher Richtung über unseren Denker belehren lassen. Die Briefe sollen uns zunächst die Entstehungsgeschichte seines glänzendsten Werkes, der Dialoge über den Getreidehandel, erzählen, uns über seine Motive aufklären und die in den Dialogen niedergelegten handelspolitischen Ansichten nach mancherlei Richtungen hin ergänzen. Sie sollen ferner den Gegensatz Galianis zu den damaligen Dogmatikern des Freihandels, zu den Physiokraten, seinen intimsten Gegnern, verdeutlichen. In erster Linie also ist es der Nationalökonom, speziell der Getreidehandelspolitiker Galiani, den uns die Briefe zeichnen. In zweiter Linie interessiert uns der Politiker, über den uns ebenfalls die Briefe, und zwar sowohl die italienischen als wie auch die französischen, mancherlei Aufschluß erteilen, und endlich drittens und letztens sollen sie uns helfen, den Philosophen, den weltweisen „Salonabbé“ verstehen zu lernen.[1])

Fragen wir zunächst, inwiefern ergänzen Galianis Briefe seine Dialoge über den Getreidehandel?

Ich darf, bevor ich auf die Briefe eingehe, ein Wort vorausschicken und an die Vorgeschichte der Dialoge und damit an die bewegte Zeit der stets schwankenden französischen Getreidehandelspolitik seit dem Jahre 1750 erinnern. Die Getreidehandelspolitik der französischen Regierung von 1753 bis 1789 wird durch „ein stetes Auf und Nieder von Freiheit und Hemmung“ charakterisiert.[2]) Gegen 1750 gewann die Bewegung zugunsten

---

[1]) vgl. Hofmiller, l. c. p. 184, der mit Recht auf die Schilderung Taines verweist. Vgl. seine „Entstehung des modernen Frankreichs“, deu. von L. Katscher, Bd. I [3], p. 335, wo er von den „Salon-Abbés“ als den „ständigen Haushöflingen, Neuigkeitskrämern, Boudoirschmarotzern, als dem Echo von Gesellschaft zu Gesellschaft, von Salon zu Salon“ spricht. Und Hofmiller, l. c. nennt den Abbé des 18. Jahrhunderts „den feinsten Domestik des Salons, sein unentbehrlichstes Möbel ... Er lebt im Salon, er lebt vom Salon, er stirbt mit dem Salon“. Grimm schreibt am 28. Februar 1775 an Galiani: „Mon cher prototype de tous les charmants abbés, passés, présents et à venir“. Perey et Maugras, Dernières Années de Madame d'Épinay, [8]. Paris, C. Levy, p. 489.

[2]) F. Wolters, Studien über Agrarzustände und Agrarprobleme in Frankreich von 1700 bis 1790, Leipzig 1905, p. 276. Vgl. außerdem zur französischen

größerer Handelsfreiheit stärkere Kraft, nachdem schon früher den Hemmungen der Handelsfreiheit wiederholt die Schuld am Niedergange der französischen Landwirtschaft beigemessen worden war.[1]) Namentlich waren es die Physiokraten, welche die Forderung nach Beseitigung aller die freie Produktion und den freien Handel störenden Schranken erhoben und mancherlei Anhänger gewannen. 1754 setzte man bei Ludwig XV. die Freiheit des Getreidehandels innerhalb der einzelnen Provinzen des Reiches durch. Es folgten günstige Erntejahre, so daß die Freihandelsschule auf dem von ihr betretenen Wege fortschritt und erreichte, daß die an der Ausfuhr interessierten Provinzen sich ihren Forderungen anschlossen. Die Regierung folgte langsam. 1763 wurde dem Parlament ein Entwurf zur Befestigung der Inlandshandelsfreiheit vorgelegt, der am 2. Dezember bestätigt wurde. Im Juli 1764 erging das Edikt über die Ausfuhr- und Einfuhrfreiheit. Es stellt[2]) im Artikel 3 das Prinzip der freien Ausfuhr auf, jedoch soll die Ausfuhr über See nur aus bestimmten angeführten Häfen erfolgen. Ferner wurde bestimmt, daß die Ausfuhrtransporte nur auf französischen Schiffen mit überwiegend französischer Besatzung vor sich gehen dürften. An Orten, an denen auf drei einander folgenden Märkten das Korn den Preis von 30 livres per septier erreichte, soll die Ausfuhrfreiheit aufgehoben sein, wie Artikel 6 besagt. Endlich soll ein $^1/_2$ prozentiger Wertzoll bei der Ausfuhr und bei der gleichfalls freigegebenen Einfuhr auf Brotkorn ein 1 prozentiger, sonst ein 3 prozentiger Wertzoll erhoben werden. Dieses Edikt bedeutet scheinbar einen Sieg der Freihandelsdoktrin, der Physiokratie, in Wirklichkeit aber nur, wie Sieges mit Recht hervorhebt,[3]) einen Sieg des Prinzips der Ausfuhrfreiheit; denn zugunsten des Pariser

---

Getreidehandelspolitik folgende für die Darstellung des Textes herangezogenen Werke; Sieges, a. a. O. p. 32f.; Araskhaniantz, a. a. O. p. 144ff.; Afanassiev, a. a. O. p. 205ff.; Fridrichowicz, a. a. O. p. 210ff.; Gaudemet, a. a. O. p. 103ff.; Thiele, François Quesnay und die Agrarkrisis im Ancien Régime, in Vierteljahrsschrift für Sozial- und Wirtschaftsgeschichte IV, p. 553ff.; Adalbert Wahl, Vorgeschichte der französischen Revolution 1905 Bd. I, p. 165ff.; Blei, Galianis Dialoge über den Getreidehandel (1895), p. 69ff.; Weigand, Einleitung zu seiner Ausgabe der Briefe Galianis (1907) I, p. LXIII ff.

[1]) vgl. Sieges, pp. 32ff., auch zum folgenden.

[2]) vgl. Gaudemet, a. a. O. p. 117f. und Sieges l. c. p. 34ff. für das Folgende.

[3]) ibidem p. 35.

Marktes blieben mancherlei ältere Bestimmungen bestehen, und die Abschaffung der den Binnenhandel belastenden Abgaben stand einstweilen nur auf dem Papier, so daß der Export ein Übergewicht über den Binnenhandel erhielt.[1]) Allerlei Mißernten haben die Begeisterung für das neue System der Getreidehandelspolitik bald herabgemindert. Wie uns Gaudemet, Afanassiev und zuletzt Wolters geschildert haben, ergaben die Ernten der Jahre 1766/1768 einen starken Mißwachs. Infolge der hohen Preise entstand allgemeine Unruhe, und ein großer Teil der Empörung richtete sich gegen die neue Schule der Ökonomisten, gegen die Physiokraten, gegen Quesnay und seine Anhänger. Eine gewaltige Broschürenliteratur entstand und erörterte eifrig das Für und Wider der freien Getreideausfuhr. Sie schloß sich an die frühere Literatur der Jahre 1750 und folgende an, von der Voltaire[2]) spöttisch gesagt hatte: „Gegen 1750 machte die Nation, übersättigt mit Versen, Tragödien, Komödien, Opern, Romanen und noch romantischeren Reflexionen über die Moral und die theologischen Streitereien, über die Gnade und die Verzückungen, machte die Nation sich endlich daran, über das Getreide nachzudenken. Man vergaß selbst die Weinberge, um nur von Weizen und Roggen zu sprechen. Man schrieb nützliche Dinge über die Landwirtschaft; alle Welt las sie, mit Ausnahme der Bauern. Man stellte fest, wenn man aus der Opéra Comique kam, daß Frankreich Getreide in Hülle und Fülle zu verkaufen hätte".

Weit über die Modeliteratur hinaus erhoben sich drei Schriften über die Frage des Getreidehandels: Galianis Dialoge, erschienen 1770 oder nach Afanassiev Ende 1769, Turgots Briefe über die Freiheit des Getreidehandels vom gleichen Jahre, endlich Neckers Werk über die Getreidegesetzgebung und den Getreidehandel vom Jahre 1775. Man hat mit Recht die Hauptgesichtspunkte dieser Werke dahin charakterisiert,[3]) daß Galiani die Getreidepolitik den Forderungen der industriellen Entwicklung des Landes unterordnen wollte, Necker denen der Sozialpolitik, Turgot denen des Ackerbaues. Und die Getreidegesetzgebung von 1770 bis zum Ausbruch der großen französischen Revolution beruht hauptsächlich auf dieser Kontroverse. Uns interessiert hier nur Galiani. Und da ist hervor-

[1]) Gaudemet, p. 119 und Sieges p. 35.

[2]) Voltaire, Dictionnaire philosophique IV, p. 21; vgl. auch Wolters, a. a. O. p. 147.

[3]) Araskhaniantz, a. a. O. p. 149.

zuheben, daß er sich schon in seinen italienischen Briefen an Tanucci des öfteren über die Getreidehandels- und Teuerungspolitik Frankreichs ausspricht und aus ihr Lehren für die entsprechende Politik seines eigenen Vaterlandes zu ziehen sucht.

Coletta schildert uns in seiner „Geschichte des Königreichs Neapel",[1]) wie im Anfange des Jahres 1764 in Neapel eine allgemeine Teuerung entstand und wie die Regentschaft ihrer Herr zu werden suchte. Sie setzte in jeder Stadt einen niedrigen Preis des Getreides fest, wodurch jedoch die Märkte verlassen blieben. Sie schob die Schuld auf die „Wucherer" und suchte sie zu bestrafen. Die Hungersnot erreichte erst ihr Ende, als aus dem Auslande Getreideschiffe ankamen. Am 19. März 1764 schreibt Galiani an Tanucci[2]): „Die Nachrichten von der Teuerung in Neapel betrüben mich unendlich. Sehr viele schöne Dinge habe ich in unzähligen Autoren über die Administration des Getreides gelesen, ebensoviele habe ich von Leuten von Einsicht sagen hören, und fast ebensoviele habe ich manchmal selbst phantasiert. Ew. E. wird gerade wie ich unendlich viel gelesen und nachgedacht haben. Aber alles sind schöne Dinge, die von Kunstfertigkeit abhängen, einer teuern und menschlichen Sache, die trügerisch ist und dem unterworfen, daß sie jede gute Einrichtung verderben kann. Das Richtige ist, die Natur der Natur entgegenzusetzen. Die Natur ist wahr, einfach und groß in den Übeln wie in den Hilfsmitteln.[3]) Den Pocken muß man die Impfung entgegensetzen, und alle die Sorgen für den Schutz vor der Ansteckung, die der Mensch hat und die wirkungslos bleiben, sein lassen. Der Getreideteuerung muß man eine Kultur einer Pflanze entgegensetzen, die wenigstens taliter qualiter die Getreideschwankungen aushalten läßt, wenn das Getreide fehlt. Das türkische Korn ist eine. Tatsächlich gibt es, seitdem Mais in Europa ist, weniger Teuerungen. Aber dies allein genügt nicht. Ich sehe die Hälfte der Welt, nämlich die ganze neue, sich als Brot einer Wurzel bedienen, die tausend verschiedene Namen in Amerika hat. Man nennt sie Manioco usw.; in der Hauptsache kommt sie den Kar-

---

[1]) Aus dem Italienischen von Leber. Mit Vorwort von F. Chr. Schlosser, Grimma 1848, Bd. I, p. 221 ff.

[2]) Bazzoni, l. c. p. 112/13.

[3]) „Il vero è opporre la natura alla natura. La natura è vera, simplice et grande e ne' mali, e ne' rimedi."

toffeln von Spanien und von Irland gleich. Diese Insel lebt davon, und wo sie erst verlassen war aus Mangel an Korn, ist sie heute sehr bevölkert. Ich sehe hier das ganze Volk im Winter von diesen Kartoffeln leben, die verschiedene Namen haben. Man nennt sie pommes de terre, topinambours usw. Mit ihnen ist die französische Armee in einem Teil Deutschlands, in Hessen, das wenig Korn hervorbringt, unterhalten worden. Wenn also unsere Abbruzzen, die Basilicata, Calabrien citra usw., gebirgische und zum Teile kalte Gegenden, diese Planze hätten, wie viel weniger Korn würde man brauchen! Diese Pflanze wächst ohne Kultur und in dem undankbarsten Boden und hat den Vorteil, daß sie im Winter kommt, und man hat Zeit, sie zu säen, wenn man den Ausgang der Getreideernte gesehen hat. Bitte verachten Sie nicht das, was ich sage; wer weiß, ob nicht die Vorsehung mich ganz unbedeutendes Wesen dazu bestimmt hat, Ew. E. eine Idee einzuflößen, durch die Sie mehr als durch alles andere sich um das Menschengeschlecht verdient machen werden. Die größten Wohltäter des Menschengeschlechtes sind Bacchus, Ceres, Lukullus und wer immer uns mit einem natürlichen Reichtum beschenkt hat. Ich könnte für 20 Lire Ew. E. so viel Kartoffelsamen schicken, das Reich von Neapel zu bereichern, aber ich weiß, daß Toskana und Mugello davon voll sind (durch die Bemühungen des guten Cocchi), so daß der Transport von dort kürzer sein wird".

Man sieht, Galiani legt auf den Anbau von Kartoffeln den größten Wert, und er freut sich in einem Briefe vom 30. April 1764 über die sympathische Aufnahme, die seine Vorschläge bei Tanucci gefunden haben.[1]) Weiter gehen die Pläne eines sehr ausführlichen Briefes vom 7. Mai 1764, der (in Anlehnung an „della moneta") eine Art Quantitätstheorie über das Verhältnis von Metallmenge und Preisen entwickelt. Ich teile ihn in extenso mit, weil er wertvoll ist für die damalige Auffassung unseres Abbés von den Aufgaben einer Teuerungspolitik. Er schreibt[2]):

„Ich verstehe nicht, warum es gegen den sehr hohen Preis der Lebensmittel kein Mittel geben soll. Rom rührt sein Sacrarium und sein Sixtinisches Palladium an. Warum sollten wir nicht das Silber der Kirchen (die durch ihr Wesen verpflichtet

---

[1]) Bazzoni, l. c. p. 118.

[2]) ibidem p. 119/20.

sind, Mütter und Ammen der Armen zu sein) auf die Münze tragen lassen? Ich beabsichtige nicht etwa, das Silber ganz zu nehmen, weil dies eine verhaßte Sache sein würde, die man überhaupt nicht zu versuchen brauchte, aber die Münze müßte einen Erklärungsschein an jede Kirche oder jedes Kloster, das Silberwerk gebracht hätte, geben über den Betrag des Silberwerks, und man müßte den Kirchen 4 % Zinsen dafür 'geben, bis das Kapital zurückgestellt wird. Im ganzen braucht es nur eine Anleihe zu sein, die mit der Schaffung eines Zolles zu besseren Zeiten wieder ins Gleichgewicht gebracht werden wird; so hat man hier vor 4 Jahren getan und die Geistlichen (die hier schreien und kreischen können, gerade wie in jedem anderen Lande) schrien nicht nur nicht, sondern lobten vielmehr den Himmel, einen Weg gefunden zu haben, ein unfruchtbares Geld gewinnreich zu machen. Diese sehr geeignete Gelegenheit aber würde dazu dienen, ungeheure Metallmengen, die träge daliegen und eines unserer großen Übel sind, in Umlauf und Handel zu bringen. An die Banken darf man nicht rühren; aber bei den Kirchen eine Schuld aufnehmen, die soviel Metall träge daliegen haben, ihnen die Zinsen bezahlen und ihnen auch das Kapital wiedergeben, was ist da für ein Übel dabei? Wer kann schreien? Man müßte ihnen die heiligsten Gefäße und die Reliquienschreine lassen; aber Leuchter, überflüssige Verzierungen, Bischofsmäntel, Statuen würden umgeprägt werden, und die Mönche würden sich um eine beträchtliche jährliche Einnahme reicher finden. Es würde vielleicht jemand schreien, nicht etwa weil er die Nützlichkeit nicht einsieht, sondern nur in der Vorahnung der Untreue und schlechten Bezahlung von seiten des königlichen Schatzes. Aber es ist vor allem notwendig, in Neapel den Kredit zum königlichen Schatze und das gegenseitige Vertrauen zwischen ihm und dem Volke einzuführen, damit das Volk gern sein Geld zum König bringt, und der König immer das, was er sucht, in den Taschen seiner Untertanen findet. Nun kann man aber nach meiner Meinung nichts besseres tun, als experimentum in anima vili zu beginnen. Man beginne mit den Mönchen und nicht mit den Banken. Denn wenn man den Mönchen die Treue nicht hält, ist dies ein geringeres Übel, wenn man sie aber den Banken nicht hält, ist es ein sehr viel schlimmeres Übel und das größte, was unsern vollständigen Ruin bedeuten würde.

Glaube Ew. E., daß es nicht mehr notwendig sei, sich wegen

der Teuerung zu beunruhigen, da wir so weit sind. Der Mangel an Getreide wird sicher mit der neuen Ernte aufhören, wenn sie reichlich ausfällt; aber die sehr hohen Preise der Dinge werden wahrscheinlich bleiben, wenigstens bis man den Ausgang der Ölernte gesehen haben wird, oder vielleicht noch länger. Denken Sie an die große Summe Geld, die fortgegangen ist, oder die das Reich für so viele auswärtige Getreidekäufe schuldig bleibt. Und Sie werden mit Ihrem weisen Verstande sehen, daß die Verminderung der Metallmenge, die unter uns kursierte, notwendigerweise sehr hohe Preise für alle Arten von Sachen und vor allem niedere Preise für unsere eigenen Waren, nämlich Öl, Seide, Weine usw., hervorbringen wird. Alles dies sind Wirkungen der Menge des Metalls, die vermindert wird und in der Hand von wenigen Kaufleuten bleibt, die aus dem öffentlichen Unglück großen Nutzen geschlagen haben. Also wenn nicht neues Metall in die Masse des wenigen geschmolzen wird, was jetzt zirkuliert, so wird die Genesung unseres Reiches lange dauern. Es wird ohne Kraft, ohne Handel und immer in Schwäche bleiben. Es ist also notwendig, Geld zu schlagen und zu münzen".

Die Äußerungen, die sich in den italienischen Briefen finden, zeigen eine der damaligen Getreidehandelspolitik Frankreichs freundliche Auffassung. So schreibt Galiani am 25. Juli 1769[1]):

„Der freie Export des Getreides aus Frankreich wird ein großer Schade für unseren Handel sein, wenn wir uns nicht anstrengen, ihn nachzuahmen; hier hat man diese große Wahrheit eingesehen, daß der einzige Schutz vor Teuerungen Freihandel und Ausfuhr ist, weil dies den Anbau vermehrt, und wenn man viel Getreide sät, so erntet man immer viel oder wenig, aber wer gleich wenig sät, erntet manchmal nichts".[2])

Endlich interessiert ein Brief Galianis vom 2. November 1767 (Nicolini hat ihn zum ersten Male mitgeteilt), in dem er über die

---

[1]) Bazzoni, l. c. p. 124.

[2]) „La libera esportazione de' grani di Francia sarà un damno grande del nostro commercio . . . l'unico preservativo delle carestie è libero commercio ed estrazione." Vgl. auch den Brief Galianis vom 21. September 1767 im A. St. 1906, p. 214/15 Note 1 über Neapel: „I prezzi cari sono l'effetto della massa di denaro cresciuta nel Regno, dell' opulenza degli agriocoltori, del lecco dei guadagni fatti negli anni passati".

Teuerung in Frankreich vom Jahre 1767 an Tanucci berichtet. Ich lasse auch ihn in deutscher Übersetzung folgen[1]:

„Über Getreide habe ich mit vielen hiesigeu Beamten in den letzten Tagen gesprochen und hauptsächlich mit de Sartine, Lieutenant de Police, einem bedeutenden Menschen von höchstem Verdienste; ich habe dies getan angesichts der Getreideverteuerung, die hier eingetreten ist. Würden Sie glauben, daß ich sehr große Mühe gehabt habe, ihm begreiflich zu machen, was unsere Spekulanten sind, unser Monopol, die Grausamkeit, die die wenigen und vereinigten Kaufleute dem Volke gegenüber ausüben? Hier fehlt ganz der Gegenstand selbst, der Name und die Vorstellung. Das Wort incettatore (etwa Spekulant) kann man in das Französische nicht übersetzen. Schnell und leicht werden Sie die Unmöglichkeit des Monopols hier einsehen. In Paris gibt es 700 oder 800 Bäcker, die Brot auf eigene Rechnung machen, wie die Schuhmacher die Schuhe machen; diese Bäcker haben keine Verpflichtung, das Getreide von irgend jemand zu kaufen, nicht von ihrer Stadtbehörde, von einer Junta de abastos, nicht von solchen Kaufleuten, nicht vom König, von gar niemandem; sie kaufen, machen ihr Brot, wo, wann und wie es ihnen paßt. Es fehlt hier also jene Mittelsperson, die es bei uns gibt in der Gestalt des Kaufmanns, der Stadt oder des Spekulanten, der von den Bauern kauft und den Bäckern verkauft und den enormen und ungerechten Gewinn einsteckt. Hier schreibt der Bäcker direkt z. B. nach der Picardie und kauft von zwei oder drei großen, mit ihm in Verbindung stehenden Ökonomen das Getreide, läßt es nach Paris kommen und verarbeitet es zu Brot. Jeder der Ökonomen der Provinzen hat befreundete Bäcker in Paris, und so wird die Stadt versorgt. Der Hauptsache nach gibt es keine Getreidegroßhändler hier; denn der Kaufmann, der sich damit beschäftigte, indem er den Bauern Geld vorstreckt, hier und da 30 000 oder 40 000 Tomoli Getreide zu kaufen, kann dann im Großen an die Stadt oder an andere das Getreide nicht wieder verkaufen. Er müßte auch im Kleinen und mit Mühe wieder verkaufen, indem er die Bäcker nacheinander bitten müßte, ihm abzukaufen; diese aber, die ihre festen Geschäftsfreunde haben, würden sie nicht im Stiche lassen, wenn man ihnen keinen geringeren Preis anböte, so daß der Getreide-

[1] A. St. 1906, p. 228/29 Note 1.

händler niedriger verkaufen müßte als die Ökonomen, d. h. unter dem Kaufpreis, und Bankerott machen würde. Die 800 Bäcker können sich nicht verbinden und verweigern, Getreide zu kaufen, weil sie den Laden würden schließen müssen und den Bankerott erklären. Aber auch die Ökonomen können sich nicht verbinden, da es eine Menge Leute aus vier oder fünf verschiedenen Provinzen sind. Kurz, hier gibt es keinen Getreidehändler. Die Bäcker selbst sind die ersten Käufer. Also das ganze Übel ist die Behörde der Nahrungsmittelversorgung, die weiter nichts wie ein monopolistischer Kaufmann ist, der den Auftrag zwei oder drei Großkaufleuten gibt und diese wieder anderen, woraus sich jene Pyramide von dritten und müßigen Händen bildet, die stehlen.[1]) Wenn Sie die Nahrungsmittelversorgung aufheben können, indem Sie die Pille versüßen und sagen, daß es nur für ein Jahr ist, wenn Sie einen Steuererlaß auf das ganze Getreide oder Mehl legen, das jeder Bäcker oder Private frei nach Neapel kommen läßt, und dabei immer versprechen, den früheren Zustand wiederherzustellen, sobald die Teuerung vorüber sei, so machen Sie es nur und Sie werden das Reich retten. Wenn Sie nicht können, weinen Sie wie Jeremias und verlassen Sie eine Stadt, die von Gott verlassen ist".

Und endlich ein Brief von 1768 (das auch ein Notjahr für Frankreich war),[2]) zeigt den Abbé noch einmal als Anhänger der französischen Politik, deren freihändlerische Grundsätze er lobt. Er schreibt dort[3]): „Eine gute Regierung muß gleichen Schritt halten mit der Aufklärung und Instruktion des Volkes, sonst würde sie zu tadeln sein. Hier hat man die Wirkung gesehen, daß die Preise, als man bei dem Grundsatz des Freihandels geblieben ist, heruntergegangen sind, und man befürchtet in diesem Jahre schon keine Teuerung mehr".[4])

Erscheint uns Galiani in seinen Briefen an Tanucci im wesentlichen als Anhänger der Handelsfreiheit, so ist seine Stellungnahme in den berühmten „Dialogen" eine bedächtigere und vorsichtigere

---

[1]) A. St. 1906, p. 229: „. . . Dunque, tutto il male è l' annona, che è un mercante monopolista, che dà l' incarico a due o tre mercanti grossi, e questi ad altri, onde si forma quella piramide di terze mani oziose, rapaci".

[2]) F. Wolters, a. a. O. p. 224.

[3]) A. St. 1906, p. 545.

[4]) „Qui si è veduto l'effeto che, persistiti nelle massime di libertà, i prezzi de'grani sono andati as bassare, e già non si time più penuria in quest' anno".

geworden. Er vertritt bekanntlich in ihnen die Auffassung, daß weder ein absolutes Ausfuhrverbot noch absolute Ausfuhrfreiheit im Interesse der französischen Wirtschaftspolitik liege. Man müsse vielmehr alle Umstände berücksichtigen; dahin geht seine Meinung, jeden Radikalismus zu vermeiden und langsam und vorsichtig vorzugehen.[1]) Alle Entscheidungen seien nur von relativem Wert je nach Zeit, politischen und wirtschaftlichen Umständen eines Landes. Mit einem Wort: Ein „Absolutismus der Lösungen“ wirtschaftlicher Probleme ist nach Galiani vom Übel.[2])

Absichtlich hat er, wie er in einem Briefe selbst zugibt, die Dialogform für sein Buch gewählt, weil er meint, das Französische sei die Sprache einer Nation, die mehr spreche als sie denke, die sprechen müsse, um zu denken, und die nur denke, um zu sprechen, und alles das gebe die Form des Dialogs am besten wieder.[3]) Und die Dialoge sollten in der Tat auch wirken, als ob sie im Salon gesprochen würden. „Il fallait rendre accessible et agréable, pour les gens d'esprit qui fréquentaient les salons et qui voulaient tout connaître sans longue étude, l'exposé des théories les plus compliqués et les plus abstractes“, sagt Gaudemet treffend.[4])

Die drei sich unterhaltenden Personen der Dialoge, der italienische Chevalier Zanobi und die beiden französischen Herren, der Marquis von Roquemare und der Präsident, sind keine Fiktionen,

---

[1]) vgl. Blei, Galianis Dialoge, a. a. O., p. 95, Note. Galiani sagt in seinen „Dialogues“ (Nouv. Édit. 1795, p. 34): „Imitons le grand Colbert et ne le suivons pas. Imiter et suivre sont des choses très différentes, quoique bien des gens s'y méprennent. Faisons ce qu'une bonne tête comme celle du grand Colbert auraît fait aujourd'hui“.

[2]) Von den „Dialogues sur le commerce des bleds“ sind folgende deutsche Übersetzungen erschienen (cf. auch Nicolini, Pensiero ... l. c. p. 408): a) Auszüge des 5. und 8. Dialogs von Joh. Georg Hamann, in seinen Schriften ed. Friedr. Roth, IV, 1823, p. 391 ff. b) Dialoge über die Regierungskunst, vornehmlich in Rücksicht auf den Getreidehandel, von H. L. W. Barkhausen, 1777. c) Handlungsdialoge, a. d. Franz. von H. W. Berisch, 1778. d) Des Abbé Galiani Gespräche über den Kornhandel, a. d. franz. Mit Anmerkgn. von D. C. W. Biecht, 1802. e) Galianis Dialoge über den Getreidehandel, hrsg. von F. Blei, 1895. f) Die Briefe und Dialoge des Abbé Galiani. In Auswahl übersetzt und hrsg. von A. v. Gleichen-Rußwurm, Berlin 1907.

[3]) Brief an Mme. d'Épinay, 12. Mai 1770 (Perey u. Maugras, Correspondance I, p. 142): „Le langage d'une nation qui a besoin de parler pour penser, et qui ne pense que pour parler, doit être le langage le plus dialoguant“.

[4]) Gaudemet, a. a. O. p. 141.

sondern nach dem Leben gezeichnete Porträts. Zanobi ist Galiani selbst, der Marquis ist der Marquis Croismare, eine bekannte Pariser Persönlichkeit, und der Präsident endlich ist ein junger strebsamer Beamter Baudouin.[1])

Die Bedeutung der Dialoge für die Geschichte der Nationalökonomie und besonders für die der Handelspolitik ist oben schon angedeutet worden. Wir sehen: Als Ganzes „ragen sie weit über die Mehrzahl der vorhergehenden und nachfolgenden Schriften über die Getreidehandelspolitik hinaus".[2]) Und dies Urteil bleibt zu Recht bestehen, wenn man auch zugeben muß, daß die Schrift „mit französischem Esprit, aber auch mit französischer Légérité geschrieben ist" und einer einheitlichen, systematischen Disposition ermangelt.[3])

Nicolini hat in einer seiner neueren Arbeiten über Galiani darauf aufmerksam gemacht,[4]) daß die Dialoge allein nicht ausreichen, um uns die charakteristischen Züge zu zeigen, welche die Physiognomie Galianis als Nationalökonomen aufweist. Und mit Recht haben schon vor Nicolini auch verschiedene deutsche Autoren, die über unseren Abbé gehandelt haben, die französische Korrespondenz — wenn auch nicht hinreichend — herangezogen. Wir wollen uns im Folgenden sowohl dieser als auch der 10 Jahre weiter zurückreichenden italienischen Korrespondenz Galianis bedienen und treten in ihre Erörterung ein, soweit sie die Dialoge, ihre Geschichte und ihre Bedeutung betrifft, nachdem wir bereits früher die handelspolitischen Anschauungen des Abbé während der Jahre 1759 bis 1769 kennen gelernt haben.

Willkommenen Aufschluß gibt uns da ebenfalls der französische Briefwechsel hinsichtlich der äußeren Entstehungsgeschichte der Dialoge[5]):

---

[1]) vgl. F. Blei, Galianis Dialoge, a. a. O. p. 64, und Gaudemet, l. c. p. 143 ff. Den Marquis de Croismare hatte Galiani im Salon der Mme. d'Épinay kennen gelernt. Er nennt ihn immer in seiner Korrespondenz „le charmant, le délicieux, l'incomparable marquis". (Gaudemet p. 145, Note 2.) Von Baudouin sagt der Marquis im 5. Dialoge: „il aime à s'instruire, il parle peu; mais il sait, écuter". (Dialogues sur le Commerce des Bles, par l'Abbé Galiani, Nouvelle Édition 1795, p. 170)

[2]) Sieges, a. a. O. p. 70.

[3]) Fridrichowicz, a. a. O. p. 219. Das Gespräch (Weigand, Einleitung a. a. O. p. LXXV) erschwert obendrein ihr Verständnis.

[4]) Giornale . . . a. a. O. p. 34.

[5]) Zum folgenden vgl. Sieges, a. a. O. p. 37/38.

Galiani hat, dem Drängen seiner Freunde nachgebend, das Manuskript der Dialoge verfaßt, in der Feilung des französischen Stils von Diderot unterstützt. Infolge seiner unsicheren Stellung in Paris mußte mit Hochdruck gearbeitet werden, und so zeigen die letzten Dialoge eine flüchtigere Form als die ersten. Als dann die Abberufung erfolgt, läßt Galiani das ihm teure Manuskript in den Händen der Frau von Épinay und seiner Freunde Diderot und Grimm zurück und beauftragt sie mit der Korrektur und Drucklegung. Diderot gelingt es, den Verleger Merlin zu vermitteln, der 100 Louisdors für das Manuskript bietet, so daß am Ende des Jahres 1769 der Druck beginnen kann. In welcher Gemütsverfassung und von welch mannigfachen Kümmernissen bedrückt Galiani sein Meisterwerk verfaßt hat, geht deutlich aus den Briefen hervor. So spricht er in einem Briefe vom 14. August 1769 [1]) an Frau von Épinay von einem schrecklichen Zustand des Kummers und der Bedrückung des Geistes, in dem sein „unglückseliges Werk entworfen, geschrieben und vollendet sei". Er nennt es direkt „recht eigentlich eine Frühgeburt" und meint an anderer Stelle,[2]) unter traurigen Umständen sei das unglückliche Kind (nämlich die Dialoge) empfangen worden und vorzeitig zur Welt gekommen. „Ich weiß selbst nicht, was es ist; aber ich konnte es (das Buch) nicht ein einziges Mal kalten Blutes lesen. Ich hatte das Originalmanuskript in Ihren Händen gelassen, und so weiß ich nichts mehr davon." Und darum fordert er seine Freunde auf, sein Buch mit mehr Duldsamkeit zu lesen.[3]) Mit größter Spannung harrt er täglich der Nachrichten seiner Pariser Freunde über die Korrektur und Drucklegung der Dialoge. Bereits am 17. Juli 1769 schreibt er an Madame d'Épinay, daß er ungeduldig auf die Nachricht warte, „daß endlich die Ladung das Kap umsegelt und den schrecklichen Engpaß der Revision (er meint die Korrektur Diderots) passiert habe".[4]) Noch mehr interessiert ihn der Abschluß des Vertrages mit dem Verleger, und so fordert er

---

[1]) Weigand-Conrad, a. a. O. I, p. 12. Die Conradsche Übersetzung liegt den Zitaten im Text zugrunde. Cf. auch Perey-Maugras, Correspondance, I, p. 18.

[2]) Conrad, l. c. I, p. 38; Perey-Maugras, l. c. I, p. 58/59. Der eine Satz ist bei Conrad verdruckt.

[3]) ibidem.

[4]) Conrad, l. c. I, p. 10 übersetzt „passé" schlecht mit „überschreiten". Perey-Maugras, I, p. 16.

am 28. August desselben Jahres seine Freunde auf, auf alle Fälle drucken zu lassen, auch wenn sich kein Drucker finde, der mutig genug sei, 100 Louis daran zu wenden. Er fügt hinzu[1]): „Die Sache, die mir in Paris vollständig gleichgültig war, liegt mir jetzt ungeheuer am Herzen. Übrigens, bitte, benachrichtigen Sie Diderot, daß er nicht den Terenzschen Vers: Ne quid nimis auf das Titelblatt setzen soll, der ist schon in einer anderen Getreidebroschüre gebraucht worden; wir müssen den Horazschen Vers verwenden: In vitium ducit culpae fuga, si caret arte“.

Mit welchem Jubel endlich die Nachricht der Drucklegung begrüßt wird, geht aus einem späteren Schreiben vom 18. September 1769 hervor, in dem Galiani begeistert ausruft[2]): „Endlich, Madame, werde ich gedruckt. Hurra! Sie, die Sie Mutter sind, können sich gewiß ein Vaterherz vorstellen“. Dringend bittet er darum, ihm die bereits gesetzten Bogen zu senden. Daß sein Buch Eindruck machen, ja Sensation erregen würde, davon ist unser Abbé fest überzeugt. Er meint in einem Brief vom 18. November 1769,[3]) seine „Bombe“ müsse doch Lärm gemacht haben, als sie in Paris geplatzt sei; und am 11. Februar 1770 schreibt er an seine Freundin kaltblütig,[4]) daß Lärm und Zwiespalt der Chevalier Zanobi vorausgesehen habe. Umso größer ist der Ärger Galianis, als er vernimmt, daß sein Gegner, der Herzog von Choiseul, an eine Unterdrückung der Dialoge vermittelst der Zensur denke.

Mit beweglichen Worten klagt er am 18. Dezember 1769 seiner Freundin[5]): „Hätten Sie das geglaubt, Madame? Hätte man glauben sollen, daß das einzige Buch in respektvollem Ton, das bis jetzt über das Gebiet der Verwaltung geschrieben worden ist, auf soviel Schwierigkeiten stoßen würde, während man doch das Erscheinen der blutigsten (und zugleich langweiligsten) Satiren erlaubt?“

An den Kritiken ist ihm nichts gelegen. Ihn interessiert nur der Absatz und die Zahlungsfähigkeit des Druckers. In einem Briefe vom 24. Februar 1770 meint er[6]): „Sie halten mich für einen

[1]) Perey-Maugras, l. c. I, p. 26; Conrad, l. c. I, p. 17.
[2]) Perey-Maugras, l. c. I, p. 28; Conrad, l. c. I, p. 18.
[3]) Perey-Maugras, ibidem p. 36; Conrad, ibidem p. 23.
[4]) Perey-Maugras, ibid. p. 70; Conrad, ibid. p. 45.
[5]) Perey-Maugras, ibid. p. 48, 49; Conrad, ibid. p. 31.
[6]) Perey-Maugras, l. c. I, p. 72; Conrad, l. c. I, p. 46.

so kleinen Philosophen, daß Sie mir die Antworten, die Erwiderungen, die Beleidigungen, die man gegen den unglücklichen Chevalier Zanobi speit, nicht senden wollen? Sie hätten mir das größte Vergnügen gemacht, sie mir durch die Post zuzusenden. Ich bin auf alles vorbereitet. Die Fron der Weisen ist, den Menschen Gutes zu tun".

Trotz den erschwerenden Umständen, unter denen sein Buch entstanden ist, und welche die Form und den Inhalt jedenfalls der letzten Dialoge kaum günstig beeinflußt haben, ist Galiani von der Vortrefflichkeit des Buches durchdrungen. Mit etwas naivem Selbstlob freut er sich der Witze, die in seinem Werk enthalten, und beruft sich seiner Freundin gegenüber[1]) dafür, daß manche Witze schlecht seien, auf Voltaire, der auch schlechte Witze habe drucken lassen; es sei ja richtig, ein solches Buch müsse auch schlechte Witze bringen, damit es allen Leuten gefallen könne. Jedenfalls aber, meint er, seien die Dialoge ein gutes Buch,[2]) und er habe es mit großer Begierde gelesen, weil er sich fast gar nicht mehr dessen entsinne, was es enthielte.

Sein Zweck, in erster Linie seine Freunde zu unterhalten und ihnen Vergnügen zu machen, sei ihm durchaus gelungen[3]): „Das große Publikum wird wohl erst im kommenden Jahrhundert überzeugt werden. Ganz gewiß werde ich niemandem etwas entgegnen; ich habe mein Werk nicht aus dummer Lust am Disputieren geschaffen. Ich habe geglaubt, ein nützliches Buch zu schreiben und mich meiner Schuld gegen eine Nation zu entledigen, die mich sehr lieb gehabt hat, die ich sehr liebe und die ich eines Tages wiederzusehen hoffe".

Er ist davon überzeugt,[4]) daß die Schriften der Physiokraten, namentlich die eines Dupont und eines Mercier, von der Bildfläche verschwinden, seine Gespräche dagegen bleiben würden.

Die Motive, von denen er sich bei der Abfassung der Dialoge leiten ließ, sind zweifellos die besten gewesen. So schreibt er am 27. April des Jahres 1770[5]): „Ich habe Frankreich etwas Gutes zu tun geglaubt und wollte besonders einmal wichtige Geschäfte,

---

[1]) Perey-Maugras, l. c. I, p. 17; Conrad, l. c. I, p. 11.
[2]) Perey-Maugras, ibid. p. 64; Conrad, ibid. p. 42.
[3]) Perey-Maugras, ibid. p. 85, 86; Conrad, ibid. p. 55.
[4]) Perey-Maugras, l. c. I, p. 133; Conrad, l. c. I, p. 85.
[5]) Perey-Maugras, ibid. p. 113 u. 114; Conrad, ibid. I, p. 72.

die nichts mit Metaphysik und nichts mit Theologie zu tun haben, ohne jeden Enthusiasmus und jene Systematisierungswut behandeln, die alles verderben".

Diese Bemerkungen werden in amüsanter Weise durch ein Briefchen an den Grafen Schomburg vom 19. Mai desselben Jahres ergänzt, das im knappsten Stile die Absichten Galianis bei der Verfassung der Dialoge enthält[1]): „Ich habe keine Geheimnisse vor Ihrem Herzen, wie ich nichts Erhabenes für Ihren Geist habe; ich werde Ihnen alles enthüllen, was ich gern wollte, als ich diese ‚Gespräche' schrieb.

1. Vor allem: mich unterhalten. Bewilligt.
2. Dann 100 Louis verdienen. Verweigert.
3. Meinen Freunden ein Andenken an unsere „Dialoge" hinterlassen. Bewilligt.
4. Frankreich Gutes tun. Verweigert." —

Soviel über die Dialoge selbst und über ihre Geschichte und Absichten. Wir suchen nun eine zweite Frage zu beantworten: In welcher Weise tragen die französischen Briefe zur Aufhellung der Ansichten Galianis über die Getreidehandelspolitik bei, inwiefern sind sie also geeignet, die Dialoge und seine in den älteren italienischen Briefen niedergelegten und schon früher von uns erörterten Anschauungen zu ergänzen?

Es ist nicht ganz leicht, die Auffassung des Abbés in dieser Frage klar zu präzisieren. Dazu geht er zu wenig systematisch vor und bevorzugt zu sehr die reinen Zweckmäßigkeitsgründe. Beim ersten Durchlesen der betreffenden Briefe über die Getreidehandelspolitik ist man daher leicht geneigt, ein ähnliches Urteil über sie zu fällen, wie Voltaire über die Dialoge in dem schon erwähnten Artikel: Getreide des philosophischen Dictionnaires.[2]) Voltaire meint: „Der Abbé Galiani verstand es, in der Frage der Getreideausfuhr die Nation mit Dialogen zu erfreuen, die so amüsant waren wie unsere besten Romane, und so lehrreich wie die ernstesten Bücher. Wenn das Buch die Brotpreise nicht zum Sinken brachte, so machte es doch der Nation viel Spaß, und das ist viel mehr wert für sie".

[1]) Perey-Maugras, l. c. I, p. 146/47; Conrad, l. c. I, p. 93; v. Gleichen-Rußwurm, l. c. p. 189.

[2]) vgl. Sakmann, Nationalökonomisches bei Voltaire, Jahrb. f. Nationalökonomie u. Statistik, III. F. XXXIV, 1907, p. 518.

Sieht man genauer zu, so ergibt sich folgendes Bild: Erschien uns Galiani in den italienischen Briefen im wesentlichen als ein Freund und Anhänger der freien Getreideausfuhr, so machen wir bei der Lektüre der französischen Briefe die Wahrnehmung, daß er sich auch jetzt noch entschieden dagegen wehrt, schlechtweg als ein Feind der Getreideausfuhr angesehen zu werden. Ich nenne namentlich ein Schreiben an seinen Gegner, den Abbé Morellet, vom 26. Mai 1770, in dem er meint,[1]) daß die Freiheit und die Ausfuhr bis zu dieser Stunde keinen wahreren Freund gehabt hätten als ihn. Das Publikum sei durch ein illusorisches Edikt (er meint das von 1764) hintergangen worden[2]): „Man tat so, als ob man den freien innern Umlauf erlaubte, aber man ließ alle Steuern, alle Wegegelder, die Hindernisse, die ihn hemmten, fortbestehen: man versprach sie zu beseitigen, aber man setzte keine Gelder als Ersatz dafür aus, man dachte nicht einmal darüber nach, durch welches Mittel dies Gute bewirkt werden könnte. Zu gleicher Zeit gab man sich den Anschein, eine unbeschränkte Ausfuhr zu bewilligen; aber man legte eine Gebühr von 12 Livres 10 Sous auf den Zentner, und diese kleine Beschränkung hat genügt, um für drei Jahre den Handel von Nantes und die ganze Loireschiffahrt zu sperren. Sie hat genügt, um die ganze Willkürherrschaft wieder einzuführen: besondere Erlaubnisse, Begünstigung der Getreidespekulanten, Behinderung der ehrlichen Kaufleute usw. Ich, ja ich allein habe zuerst laut Einspruch getan gegen diesen Überfall auf den guten Glauben des Volkes. Ich habe eine Fälschung des Ediktes aufgedeckt und gepredigt: Sichert den Innenhandel; fangt damit an! Denn, wenn man noch der Ausfuhr bedürfen sollte, um Frankreichs ganze Produktion zu verwerten (was ich nicht weiß und was sich nicht voraussehen läßt, weil Bevölkerung und Verbrauch aus verschiedenen Ursachen sich vermehren und vermindern können), dann keine beschränkte Taxe mehr, sondern volle Freiheit, volle Ausfuhrerlaubnis. Aber ein Vorteil soll das Kind des Hauses vor den Hunden draußen auszeichnen; denn non est bonum sumere panem filiorum, et mittere canibus, wie mit Sankt Matthäus der Sekretär des Feuille sehr treffend sagte, als der Vorschlag gemacht wurde, Pfründen an Literaten zu vergeben".

---

[1]) Perey-Maugras, l. c. I, p. 155ff.; Conrad, l. c. I, p. 99.

[2]) Perey-Maugras, l. c. I, p. 156ff.; Conrad, l. c. I, p. 99ff.

Und weiter unten[1]: „Ich bin für und nicht gegen die Freiheit, wie der Chevalier Zanobi. Ja, ich bin für, und mein ganzes Buch zielt auf dieses für hin. Aber ich bin es ohne Fanatismus, weil nach meiner Meinung aus Fanatismus oder Enthusiasmus niemals etwas anderes entstehen kann als Empörung und Aufruhr. Das ist der einzige Unterschied zwischen den Ökonomisten[2]) und mir, zwischen ihren und meinen Prinzipien".

In späteren Briefen wiederholt er die Behauptung, daß er kein Feind der freien Ausfuhr an sich sei. Er leugnet, daß er vorgeschlagen habe, die Ausfuhr abzuschaffen[3]: „Nein, wahrhaftig nicht. Ich habe mich in aller Form dafür erklärt und ganz leichte Veränderungen vorgeschlagen, die nur dazu dienen sollen, die Ausfuhr dem Binnenhandel unterzuordnen. Denn zunächst wollen wir uns doch darüber einig werden, daß die Ausfuhr einer gewissen Beschränkung unterworfen sein muß. Selbst das Edikt von 1764 hatte eine solche Beschränkung vorgesehen, die sich freilich als wertlos erwies". Und weiter unten meint er[4]: „Hätte man im Jahre 1764 mein System angenommen, so wäre vielleicht nicht ein einziger Sack Korn über die Grenze gegangen, der innere Umlauf aber wäre auf die vollkommenste Weise geregelt worden, und Frankreich würde nicht aus seinem Mark und Blut Geldsummen von erschreckender Höhe aufbringen müssen, wodurch es noch auf eine lange Reihe von Jahren völlig erschöpft sein wird. Das ist ein ungesunder Reichtum, der aus dem Verkauf von Lebensmitteln an das Ausland herrührt! Seine Waren muß man verkaufen und sich von seinem Brot gut nähren".

Ganz klar geht die wissenschaftliche Eigenart unseres Denkers aus den vielen Briefen hervor, in denen er seine Maximen der Getreidehandelspolitik verteidigt. Er ist jedem Dogmatismus bei den Lösungen sozialer und wirtschaftlicher Probleme abgeneigt. Ein echt historischer Kopf, vertritt er den Standpunkt des Relativismus. Je nach Zeit, Ort und Umständen sollen Zweckmäßigkeitserwägungen über die Regelung des Getreidehandels entscheiden. So meint er in einem Briefe an Suard vom

---

[1]) ibidem.

[2]) Damit meint er immer die Physiokraten und ihre Anhänger.

[3]) Perey-Maugras, l. c. I, p. 320, 321; Conrad, l. c. I, p. 204.

[4]) Perey-Maugras, l. c. I, p. 323; Conrad, l. c. p. 206.

8. September 1770[1]): „Unter jeder Regierung richtet sich die Getreidegesetzgebung nach dem Wesen der Regierung. Unter einem Despoten ist freie Ausfuhr unmöglich, der Tyrann hat zu viel Furcht vor dem Geschrei seiner hungrigen Sklaven. In der Demokratie ist die Ausfuhrfreiheit natürlich und unvermeidlich. Da Regierende und Regierte dieselben Personen sind, so ist das Vertrauen unbegrenzt. In einer gemischten und gemäßigten Regierung kann auch die Freiheit nur modifiziert und gemäßigt sein.

Wenn Sie zu stark an der französischen Getreideverwaltung rütteln, so werden Sie, falls es Ihnen gelingt, die Form und Zusammensetzung der Regierung verändern, einerlei ob diese Veränderung die Ursache oder ob sie die Wirkung der unbeschränkten Ausfuhrfreiheit ist. Nun ist die Veränderung einer Verfassung eine sehr schöne Sache, wenn sie gemacht ist, aber eine sehr häßliche, wenn sie erst noch gemacht werden soll. Sie macht zwei oder drei[2]) Generationen ganz gewaltigen Verdruß und verschafft nur der Nachwelt Annehmlichkeit. Unsere Nachkommen aber sind nur mögliche Wesen, und wir sind wirkliche. Sollen die wirklichen sich wegen dieser anderen Zwang auflegen, sich sogar unglücklich machen? Nein! Behalten Sie also Ihre Regierung und Ihre Getreide".

Für das Beste an seinen Gesprächen hält Galiani das Motto: „in vitium ducit culpae fuga, si caret arte". Der erste Fehler seiner Gegner sei, sich für das eine oder das andere Extrem zu entscheiden und zu verlangen, daß der Getreidehandel entweder gänzlich frei oder gänzlich verboten sein solle. Diese Lösung ist ihm zu doktrinär. Er will nur für ein bestimmtes Volk zu einer bestimmten Zeit Ratschläge erteilen. So schreibt er an seine Freundin am 6. November 1773[3]): „Sie fragen, ob es gut sei, der Getreideausfuhr volle Freiheit zu bewilligen. Dieses allgemeine Problem ist nur durch eine unbestimmte Gleichung zu lösen. Sie fragen sodann, ob in Frankreich im Jahre 1773 freie Ausfuhr gestattet werden müsse. Jetzt ist

---

[1]) Perey-Maugras, l. c. I, p. 245/46; Conrad, l. c. I, p. 154/55.

[2]) Conrad übersetzt hier I, p. 155: ... „sie macht zwei ganze Generationen ..." Es muß heißen: zwei oder drei Generationen. Vgl. Perey-Maugras I, p. 245: ... „deux ou trois générations ..."

[3]) Perey-Maugras, l. c. II, p. 276; Conrad, l. c. II, p. 496.

das Problem festgelegt, denn Sie bestimmen Land und Zeit; und dieselbe Gleichung, auf den bestimmten Fall angewandt, wird Ihnen bald ein bejahendes (positives), bald ein verneinendes Resultat geben können".

Wieder andere Briefe zeigen, wie fest Galiani auf einen durchschlagenden praktischen Erfolg seiner Dialoge und ihrer Beweisführung baut. Er ist davon überzeugt,[1]) daß seine Dialoge zur Widerrufung des Ediktes von 1764 führen müssen, habe er doch die Teuerung in Frankreich vorausgesehen und vorausgesagt, und die Vermutung, daß das Edikt von 1764 widerrufen sein würde, ehe das Jahr 1770 vergangen sein würde, ist ja in der Tat in Erfüllung gegangen. Der Abbé Terray hob noch im Jahre 1770 das Edikt von 1764 auf, indem er am 14. Juli die Getreideausfuhr verbot und am 23. Dezember die Bestimmung der Deklaration von 1763 über die Freiheit des inneren Getreidehandels zurücknahm. Auf den Binnenkornhandel wurden wieder die vor 1763 gültigen Vorschriften angewandt, nur der Handel von Provinz zu Provinz blieb frei.[2]) Also hatten zunächst die Gegner der Physiokratie gesiegt.

In der Aufhebung des 64er Edikts sieht Galiani den ersten Schritt zur Annahme des ganzen Systems seiner Dialoge und schreibt am 11. August 1770[3]): „Sprechen Sie mir nichts mehr von französischen Getreiden. Ich weiß unglücklicherweise nur zu sehr, daß ich meinen Prozeß gewonnen habe, und daß ganze Provinzen Frankreichs ihn nebst Kosten verloren haben".

Trotz seiner Freude über diesen Erfolg bedauert unser Abbé, daß er nicht mehr Zeit auf das Niederschreiben und die Ausfeilung seiner Dialoge hat verwenden können, und, verspricht sich von einer zweiten und verbesserten Auflage einen noch größeren Erfolg.[4])

Einer zweiten Ausgabe beabsichtigt er noch einen Dialog hinzuzufügen, indem er das System der Lagermagazine (angeregt

---

[1]) Perey-Maugras, l. c. I, p. 172; ibidem p. 180; Conrad, l. c. I, p. 109ff.; ibidem p. 114ff.

[2]) vgl. die früher zitierte Literatur, namentlich Araskhaniantz, a. a. O. p. 155f.; Sieges, a. a. O. p. 83 und Afanassiev, a. a. O. p. 254ff.

[3]) Perey-Maugras, l. c. I, p. 242; Conrad, l. c. I, p. 153.

[4]) Perey-Maugras, l. c. I, p. 65ff.; Conrad, l. c. I, p. 42ff.

durch das Beispiel der sizilianischen „caricatori") auseinanderzusetzen gedenkt.

An die Stelle der Spielpartie sollte das Diner treten. Sollte es ihm an Zeit für die Niederschrift des neuen Gespräches fehlen, so ist er entschlossen (wie uns ein Brief vom 19. November 1774 berichtet),[1]) den alten Dialogen alle die betreffenden Briefstellen, die zu ihrer Ergänzung bestimmt waren, hinzuzufügen.

Neben den Briefen über den Getreidehandel ist für den Nationalökonomen am lehrreichsten der Teil der französischen Korrespondenz Galianis, der sich mit seinen Gegnern, vornehmlich mit dem Abbé Morellet und der Physiokratie beschäftigt. Die bedeutendste „Widerlegung" der Dialoge hat der Abbé Morellet in seiner réfutation de l'ouvrage, qui a pour titre „D. s. l. c. d. bl."... geliefert, die 1770 geschrieben und gedruckt, aber erst 1774 erschienen ist. Sie wurde auf Aufforderung Choiseuls unmittelbar nach Erscheinen der Dialoge geschrieben, aber von dem Generalkontrolleur Terray unterdrückt und erst unter dem Ministerium Turgot 1774 freigegeben. Das Buch Morellets ist jedenfalls bedeutender als die Schriften eines Mirabeau, Baudeau und Mercier gegen Galiani. Im übrigen wird es von den Autoren, die ihm eine kritische Analyse gewidmet haben, recht verschieden eingeschätzt.[2])

Wenn auch Galiani sich seinem Gegner weit überlegen dünkt, so bringt er doch Morellet aufrichtige Hochschätzung entgegen, war dieser doch seine erste Bekanntschaft in Paris gewesen, der er viel zu verdanken hatte.[3]) Er nennt ihn in den Briefen

---

[1]) Perey-Maugras, l. c. II, p. 367; Conrad, l. c. II, p. 550.

[2]) vgl. Blei, Galianis Dialoge l. c. p. 94, Note 2, in der die verschiedenen Schriften gegen Galianis Dialoge zusammengestellt sind. Fridrichowicz, l. c. p. 249 ff. meint, Morellet sei seinem großen Gegner „in keiner Weise gewachsen" gewesen, namentlich habe er seinem historisch, geographisch relativistischen Standpunkte auch nicht das geringste Verständnis entgegengebracht. Und Gaudemet (l. c p. 1) schreibt kurz und bündig von Morellet: „ qui le réfuta consciencieusement sans le comprendre". Nur Afanassiev (l. c. p. 244) rühmt Morellet „la logique rigoureuse de l'argumentation" nach. Übrigens war Morellet, wie er selbst später in seinen Memoiren erzählt, mit seinem Buche gar nicht zufrieden. Vgl. auch Oncken, Geschichte der Nationalökonomie, 1902, Bd. 1, S. 428.

[3]) In einem Briefe vom 26. Mai 1770 (Perey-Maugras l. c. I, p. 159) schreibt er: „Songez, que vous êtes ma première connaissance de Paris; vous êtes pour

stets „Panurge" und schätzt ihn folgendermaßen ein (27. Januar 1770)[1]: „Das ist ein Mann, der das Herz im Kopfe und den Kopf im Herzen hat. Seine Vernunftschlüsse sind von Leidenschaft diktiert, seine Handlungen von Prinzipien. Darum liebe ich ihn von ganzem Herzen, obgleich ich meine Vernunftschlüsse anders ziehe; und er liebt mich ebenfalls über alle Maßen, weil er mich für einen kleinen Macchiavell hält... Er wird bei der zweiten oder dritten Lektüre des Werkes bemerken, daß der Chevalier Zanobi (der Galiani in den Dialogen vertritt) nicht ein Wort von all dem, was er sagt, glaubt oder denkt, daß er der größte Skeptiker und der größte Akademiker der Welt ist. Daß er an nichts glaubt, an nichts, nichts, nichts".

Galiani versteht nicht,[2] warum Morellet ihn zu widerlegen versucht, wo er noch nicht einmal alles gesagt habe. Der letzte Dialog sei doch „unter Schluchzen" geschrieben und unfertig. Besonders empört ihn, daß sein Gegner von der Regierung Befehle erhalten hat, auf die Dialoge zu antworten[3]: „Er ist also öffentlich als Wache und Polizei der Ökonomisten erklärt und hat Befehl, uns unglückliche Wildlinge der Philosophie rurale abzufangen".

Doch die Gegenschrift selbst fürchtet er nicht. Er meint vielmehr spöttisch in einem Schreiben an seine Freundin vom 3. Juni 1775[4]: „Ich habe das Werk Morellets angeblättert, ich habe sofort gegähnt, und das Buch ist meinen Händen entfallen. Wie gern ich es auch lesen möchte, so fühle ich doch, daß dies meine Kräfte übersteigt. Ich habe ferner das Gefühl, daß es mir unmöglich wäre, es zu widerlegen. Es ist so dick! Und es scheint mir ein fabelhaftes Werk zu sein, weil jedes Stück, jede Zeile, jede Schlußfolgerung gut geschrieben, klar und richtig ist, während das Ganze dennoch flach, dunkel und falsch ist".

Schärfer sind die Waffen, mit denen Galiani seine intimsten Gegner, die Physiokraten, bekämpft, denen er einen beschränkten

---

moi (je ne saurais me le rappeler sans verser des larmes) primogenitus mortuorum, l'aîné de ceux que j'ai perdus. C'est à vous que je dois la connaissance de Mme Geoffrin, de d'Alembert et de tant d'autres".

[1]) Perey-Maugras, l. c. I, p. 57; Conrad, l. c. p. 37.

[2]) Perey-Maugras, l. c. I, p. 66; Conrad, l. c. p. 43.

[3]) Perey-Maugras, ibidem I, p. 90, 91; Conrad, ibidem p. 58, 59.

[4]) Perey-Maugras, l. c. II, p. 408ff; Conrad, l. c. II, p. 576.

Doktrinarismus, ja Fanatismus vorwirft.[1]) Unendlich ist sein Spott über diese Schule, dem er an zahllosen Stellen seiner Korrespondenz Ausdruck gibt.[2]) Vor allen Dingen wendet er sich gegen ihre allgemeinen Theorien. Er meint am 6. November 1773[3]): „Die unsrige muß davon sehr verschieden sein. Abgesehen von einigen allgemeinen Theorien, die dieselben geblieben sind, hat sich alles geändert, die Einzelheiten sind ganz verschieden. Nun aber sind „Allgemeine Theorien" und „Nichts" ungefähr dasselbe. Die Ökonomisten glaubten, mit vier unbestimmten großen Redensarten und einem Dutzend allgemeiner Schlußfolgerungen wisse man alles, und ich habe ihnen bewiesen, daß sie nichts wußten".

Und an anderer Stelle in einem Brief an Herrn v. Sartine vom 27. April 1770 führt er aus[4]): „Ich werde keine Veränderung in der Behandlung des Getreidewesens bewirken, aber wenigstens ist es mir gelungen, zu entdecken, daß Leute, die ich wegen der Reinheit ihrer ökonomischen Absichten schätzte und die mir Philosophen schienen, in Wirklichkeit doch nur eine recht kleine Geheimsekte sind, und daß ihnen alle Fehler der Sekten anhaften: kauderwelsche Sprache, System, Geschmack an Verfolgungen, Haß gegen die Außenstehenden, Gekläff, Bösartigkeit und Kleinlichkeit des Geistes. Sie sind auf politischem Gebiet genau dasselbe, was auf religiösem die Jansenisten auf dem Kirchhof von St. Medardus waren. Sie wären zu fürchten, hätten sie nicht beschlossen, nur in langweiligem Stil zu schreiben".[5])

Die „Ökonomisten", wie Galiani seine Gegner stets nennt, sind für ihn nur eine Sekte von „Illuminierten". So schreibt er am 28. April an Frau v. Épinay[6]): „Sie haben Prophezeiungen, Legenden, Visionen und vor allem eine betäubende Langeweile.

---

[1]) Perey-Maugras, l. c. I, p. 158ff.; Conrad, l. c. I, p. 100ff.

[2]) Cf. auch Blei, Galianis Dialoge l. c. p. 93.

[3]) Perey-Maugras, l. c. II, p. 274/75; Conrad, l. c. II, p. 494/95.

[4]) Perey-Maugras, l. c. I, p. 114; Conrad, l. c. I, p. 72/73.

[5]) Galiani scheint hier den Haß der maßgebenden Gesellschaft im Ancien Régime gegen alle trockene Gelehrsamkeit zu teilen, von der uns Taine (a. a. O. I, p. 252) berichtet hat. Den Physiokraten, die Taine übrigens vernachlässigt (cf. Glagau, Reformversuche und Sturz des Absolutismus in Frankreich, 1908 p. 10) fehlte der „schöne Stil", des „esprit classique". Auch die Wissenschaft sollte damals (man denke an Montesquieus „esprit des lois") „epigrammatisch oder rhetorisch sein".

[6]) Perey-Maugras, l. c. I, p. 128/29; Conrad, l. c. I, p. 82/83.

Soll ich aufrichtig sein? Ich glaube, Quesnay ist der Antichrist und seine physionomie rurale ist die Apokalypse. Das ist ernster gemeint, als Sie denken. Eines Tages werde ich mir den Spaß machen, den Vergleich zwischen Voltaire und Quesnay zu ziehen, und ich gedenke Ihnen zu beweisen, daß dieser Arzt was ganz anderes ist. Er ist etwas Übernatürliches. Er ist traurig und abgeschmackt und weist keinen Dummkopf als Schüler zurück, wenn er nur Enthusiast ist".

Mit boshaftem Spott malt er sich in einem amüsanten Brief an seine Freundin vom 5. Mai 1770 aus,[1]) wie später einmal an seinem Denkmal auch die Physiokraten in einem Medaillon in höchst beschämender Stellung angebracht werden würden. Ich kann auf die einzelnen Briefstellen, die von den Physiokraten handeln, hier nicht weiter eingehen, zumal sie zum Teil persönliche Schärfe zeigen. Wirft G.[2]) seinen Gegnern doch vor, — Mirabeau, Baudeau und Mercier hatten Gegenschriften gegen die Dialoge verfaßt —, daß sie Bosheiten und Albernheiten, „die unanständigsten und gröbsten Anzüglichkeiten" gegen ihn geschleudert hätten. Er meint, sie zeterten, tobten und bellten gegen ihn und das alles nur, weil er gewagt habe, ihnen „die Maske abzureißen und sie als das zu zeigen, was sie seien, d. h. als fanatisches Pack, das auf Empörung und Aufruhr hinarbeite". Der Abbé hält nun einmal die „Ökonomisten" für die Urheber des ganzen Wirrwarrs[3]) und meint, ihre natürliche Ordnung der Freiheit wirke destruktiv. Sie sind ihm „arme, fanatische Dummköpfe", und er dünkt sich, namentlich im Verein mit Necker, ihnen weit überlegen. Darum freut er sich in Briefen aus dem Jahre 1775,[4]) wie die Kaiserin Katharina II. von Rußland sich über die Physiokraten lustig gemacht hat und wie nach seiner Ansicht alle von der Begeisterung für die „Ökonomisten" zurückgekommen sind.

Ganz anders lautet sein Urteil über den Minister der Physiokratie, über Turgot,[5]) dessen Charakterbild ja auch heute noch bei aller Anerkennung seines lauteren Strebens in der

---

[1]) Perey-Maugras, l. c. I, p. 136ff.; Conrad, l. c. I, p. 87.

[2]) Perey-Maugras, ibidem p. 158ff., 196ff.; Conrad, ibidem p. 101ff. 124ff.

[3]) Perey-Maugras, ibidem p. 232ff.; Conrad, ibidem p. 147.

[4]) Perey-Maugras, l. c. II, p. 396; Conrad, l. c. II, p. 565ff.

[5]) Perey-Maugras, l. c. II, p. 360ff.; Conrad, l. c. II. p. 546.

Geschichte schwankt.[1]) Galiani bedauert, daß der charaktervolle Mann, dem er aufrichtige Hochschätzung und Verehrung entgegenbringt, der von ihm so verachteten Sekte der Physiokratie angehört, ist sich aber wohl bewußt, daß der Minister bedeutend vorsichtiger und gemäßigter zu Werke geht als die doktrinären Meister der physiokratischen Theorie.[2]) Das zeigt ja in der Tat das Edikt von 1774, das die Freiheit des Getreidehandels im Innern des Königreiches verkündet, den Import von ausländischem Getreide begünstigt, dagegen den Export nicht freigibt.[3])

Andererseits aber muß sich der vielgewandte, historisch denkende Galiani an dem wenig biegsamen und manchmal fanatischen Temperament des Reformministers stoßen. Sein Urteil deckt sich in dieser Beziehung interessanterweise mit dem neuerer und neuester Autoren, die über die Vorgeschichte der französischen Revolution geschrieben haben. Ich erinnere nur an Wahl und Glagau.[4])

Mit den 6 Edikten Turgots vom Jahre 1776, von denen namentlich zwei bedeutsam waren: die Umwandlung der Wegfronden in eine Geldleistung und die Aufhebung der Pariser Zünfte, vermag sich Galiani nur zum Teil einverstanden zu erklären. Vor allen Dingen polemisiert er gegen die Aufhebung der Zünfte,[5]) deren Folgen er sich „schrecklich und unheilvoll" vorstellt, während er der Aufhebung der Frondienste und der dafür eingeführten Steuer im allgemeinen Beifall zollt. Zur Aufhebung der Zünfte schreibt er in einem Briefe an Frau v. Épinay vom 13. April 1776[6]): „Was die Aufhebung des Zunfteides

[1]) vgl. jetzt besonders Ad. Wahl, a. a. O. Bd. I, p. 232ff. und Glagau, a. a. O. p. 60ff., 72ff.

[2]) Auch Glagau, l. c. p. 60 meint, „in seiner einfachen, ja man möchte sagen beinahe nüchternen Art erinnert Turgots Programm in nichts an die hochfliegenden Reformpläne der Physiokraten". Cf. auch Wahl, l. c. I, p. 235.

[3]) vgl. Wahl, l. c. I, p. 239.

[4]) Nach Wahl, l. c. p. 232 war Turgot „nicht frei von Fanatismus, einem Fanatismus freilich für Tugend, Menschenliebe, religiöse Toleranz". Und Glagau, a. a. O. p. 72 vermißt bei ihm die wahrhaft staatsmännische Ader. „Seinem wenig biegsamen Charakter war es nicht leicht möglich, sich den im politischen Leben rasch wechselnden Lagen anzupassen". Sowohl Glagau l. c. als auch Wahl (Die französische Revolution und das 19. Jahrhundert, Zeitschrift für Politik, 1908, I, p. 185ff.) haben in dieser Beziehung Turgot mit dem Freiherrn v. Stein verglichen.

[5]) Perey-Maugras l. c. II, p. 437ff.; Conrad l. c. II, p. 594ff.

[6]) ibidem.

anbelangt, so sage ich's allen Modeschwätzern und Ökonomisten ins Gesicht, daß sie eine Dummheit, ein Fehler, ein Blödsinn ist. Man kennt die Menschen nicht: Conamur in vetitum. Je schwieriger, mühseliger, teurer eine Sache ist, desto mehr Liebe, Anhänglichkeit, Begeisterung bringen ihr die Menschen entgegen. Die strengsten religiösen Orden haben die meisten großen Männer hervorgebracht. Wenn Sie die Ordensregeln der Väter von Saint-Maur oder der Jesuiten leicht und bequem machen, so ist es um den Orden geschehen; daher bin ich überzeugt, daß Herr Turgot den französischen Gewerben den Todesstreich versetzt hat. Die geschickten Künstler werden zum Teil auswandern, andere werden nachlässig werden, und anstatt den Wetteifer zu fördern, wird er alle wirklichen Triebfedern des menschlichen Herzens gebrochen haben. Das ist meine Meinung".

Dieses geringschätzige Urteil über den Reformversuch Turgots hindert Galiani im übrigen nicht, aufrichtige Wertschätzung dem Minister entgegenzubringen. Er meint am 29. Oktober 1774 in einem Briefe an Herrn v. Bombelles[1]): „Ich habe stets die höchste Achtung für Turgot gehegt; wenn er im Amte bleibt, wird er das, was bis heute problematisch war, als wahr erweisen; nämlich daß ein vollendeter Ehrenmann, der ganz Wahrheit, ganz Vernunft, ganz Weisheit ist, Generalkontrolleur sein kann".

Soviel über die französischen Briefe, die sich mit Galianis Dialogen und seiner Stellungnahme zur Physiocratie beschäftigen. Ich deute im folgenden noch in aller Kürze an, wie der Nationalökonom (abgesehen von der schon früher besprochenen Getreidepolitik) sich in den italienischen Briefen an Tanucci betätigt. Voll Unwillen und Haß ist er gegen die Spekulanten, gegen die Großkaufleute, die er für die Lebensmittelversorgung seines Heimatlandes verantwortlich macht. Wir kennen diesen Haß ja schon aus den früher mitgeteilten Briefen über die Teuerung. G. ist mit seinem Chef der Meinung, daß jeder Kaufmann ein Strauchdieb ist.[2])
Sodann gilt sein Unwille der Kürze der Pachten im Königreich Neapel. Darüber schreibt er[3]): „Dies ist vielleicht die ganze Ur-

[1]) Perey-Maugras, l. c. II, p. 360; Conrad, l. c. II, p. 546.
[2]) A. St. 1905, p. 452, Note 1: „Tutto mercante malandino".
[3]) A. St. 1906, p. 516, Note 1. (28. Dezember 1767.)

sache des Unglücks des Ackerbaues. In Frankreich sind die Pachten lang, wenigstens 9 oder 10 Jahre. Bei den Klerikern noch viel länger; und die Benefiziaten — die der reichste Teil sind — pflegen sie lebenslänglich zu machen. Steuerbarkeit ist auch mit der Domäne leicht. Viel länger sind die Pachten in England; sie haben wenigstens 21 Jahre zu sein. Daher der Wohlstand, der Reichtum der Meier oder besser Pächter und Kolonen, daher alles andere. In Neapel sind nicht nur die Pachten sehr kurz, sondern die Kleriker haben auch noch die Nettigkeit gehabt, sich von Rom, und zwar mit Strafen, verbieten zu lassen, sie lang zu machen oder Einschätzungen ohne apostolische Zustimmung zu machen".

Und zur Abhilfe schlägt er Tanucci einen Staatsbrief mit entschiedenen Gegenmaßregeln vor. Er nimmt überhaupt auch von Paris aus den regsten Anteil an dem Wohlergehen seiner schönen Heimat. So tritt er energisch für öffentliche Arbeiten (Wegebauten, Errichtung öffentlicher Anstalten usw.) in Neapel auf.[1]) Am interessantesten ist jedoch das Projekt einer Art neapolitanischen Navigationsakte, die den Neapolitanern das ausschließliche Recht des Transportes irgendeiner vom ihren Waren geben sollte.[2]) Ein an dem französischen Edikt von 1764 orientierter Vorschlag! Und auch für die Kulturpolitik läßt sich manches aus Galianis Briefen entnehmen,[3]) doch betrachten wir lieber genauer den Politiker überhaupt.

In klaren Konturen läßt sich der Politiker Galiani nach dem italienischen und französischen Briefwechsel zeichnen. Er bekennt sich in Übereinstimmung mit seinem Chef Tanucci, der mancherlei verwandte Züge aufweist,[4]) offen zu seinem großen

---

[1]) Bazzoni, l. c. p. 193.

[2]) Bazzoni, l. c. p. 193/99 (7. November 1768); vgl. auch A. St. 1904, p. 680, Note.

[3]) vgl. z. B. A. St. 1905, p. 62, Note 1 und A. St. 1904, p. 671 Note 3.

[4]) Es wäre eine lohnende Aufgabe, einmal über Tanucci eine selbständige Studie auf Grund seines Briefwechsels mit Galiani zu veröffentlichen. Ich verweise für eine Charakteristik dieses Staatsmannes besonders auf A. St. 1903, p. 717, 692ff., 700, 752, 756, 741, 761; A. St. 1906, p. 515, 550, 544; A. St. 1907, p. 196, 286, 747; A. St. 1904, p. 36, 660ff., 692ff., 25ff., 702; A. St. 1905, p. 47, 52, 64. Manche Parallele zu Galiani würde sich ergeben, so der gemeinsame Haß gegen Rom, gegen die Jesuiten und die Kaufleute. Über letztere vgl. A. St. 1904, p. 21; 1905, p. 437 und 1906, p. 212. Über die Jesuiten: A. St. 1903, p. 759ff.; 1905, p. 56, 446, 460, 195.

Lehrmeister und Landsmann Machiavelli, und ich glaube, man tut Unrecht, wenn man wie Gaudemet diesem Bekenntnis keine durchschlagende Bedeutung beimißt.[1]) In einem Briefe vom 5. September 1772 sagt Galiani ausdrücklich[2]): „In politischen Dingen erkenne ich nur den reinen, unverfälschten, rohen, grünen Machiavellismus an".

Alle abstrakten politischen oder Staatstheorien sind unserem Abbé bei seiner historischen Veranlagung und seiner relativistischen Auffassung in der Seele verhaßt; wie er in diesem Sinne urteilt, wie er als Realpolitiker keine absoluten Werte in der Politik kennt,[3]) zeigt deutlich ein aufschlußreicher Brief an seine Freundin vom 6. November 1773, in dem er meint, daß die Politik der Alten für uns gar nichts mehr bedeuten könne. Er schreibt dort[4]): „Die unsrige muß davon sehr verschieden sein. Abgesehen von einigen allgemeinen Theorien, die dieselben geblieben sind, hat sich alles geändert; die Einzelheiten sind ganz verschieden". In einem Schreiben an Tanucci vom 22. Mai 1767 meint er[5]): „Die Politik hat den dummen Fehler, daß man sie teilweise aus sicheren und festen Daten und teilweise aus bloßen, unvorherzusehenden Zufälligkeiten zusammensetzen muß". Und 1769 preist er als große Wahrheit, daß die Politik „kein philosophischer Geist ist, sondern die Kenntnis der Schwierigkeiten des menschlichen Lebens".[6])

Und weiter unten[7]): „Sie haben nicht recht, wenn Sie sagen, die ganze Theorie der Politik laufe darauf hinaus, daß man richtig

---

[1]) vgl. auch Gaudemet, a. a. O. p. 52 ff. Richtig dagegen F. Blei, Galianis Dialoge l. c. p. 93 und Nicolini, Giornale ... l. c. p. 32, der auf eine Stelle in Grimms Correspondance littéraire (VI, 102 ff.) aufmerksam macht. Galiani hat in seinen politischen Anschauungen dieselbe „entsetzliche Gelassenheit" wie Machiavelli. Vgl. R. Fester, N. Machiavelli, 1900 p. 60 und Alfred Schmidt, Niccolo Machiavelli und die Allgemeine Staatslehre der Gegenwart, 1907 p. 105.

[2]) Perey-Maugras, l. c. II, p. 114: „en politique je m'admets que le machiavelisme pur, sans mélange, cru, vert, dans toute sa force, dans toute son âpreté". Conrad, l. c. II, p. 391; v. Gleichen-Rußwurm, l. c. p. 28.

[3]) vgl. Weigand, a. a. O. p. LXX.

[4]) Perey-Maugras, l. c. II, p. 275 ff.; Conrad, l. c. II, p. 494 ff.

[5]) Bazzoni, l. c. p. 224: „La politica ha questo brutto di fetto che bisogna comporla parte di dati certi e sicuri, e parte di casualità mere e impreved ibili".

[6]) Bazzoni, l. c. p. 212.

[7]) Perey-Maugras, l. c. II, p. 275 ff.; Conrad, l. c. II, p. 495 ff.; v. Gleichen-Rußwurm, l. c. p. 135.

sehe; denn Wahrheiten dieser Art (man nennt sie in Spanien die Sentenzen des Pedro Grullo) sind zu allgemein, zu gewöhnlich, zu flach, um im Ernst ausgesprochen werden zu können. Ein Mensch, der mir sagen würde, weiß sei nicht schwarz, würde mir niemals das Malen lehren; und wer mir sagt, das Ganze ist größer als ein Teil, gibt nur einen sehr unzulänglichen Unterricht in der Geometrie. Gehen wir also etwas weiter und sagen wir: Politik ist die Wissenschaft, den Menschen mit der verhältnismäßig geringsten Mühe möglichst viel Gutes zu erweisen. Es harrt also ein Problem de maximis et minimis der Lösung. Die Politik ist eine zu konstruierende Kurve. Die Abszissen werden die Güter, die Ordinaten werden die Übel sein. Man wird den Punkt finden, wo das möglichst geringe Übel sich mit dem möglichst großen Gut trifft.

Die Politik ist also die Geometrie der Kurven, die hohe Geometrie der Regierungen, wie die Polizei deren ebene, einfache Geometrie ist: die ersten sechs Bücher des Euklid. Natürlich muß ein Geometer richtig sehen können; das ist eben selbstverständlich. Die Politik ist also nicht nur eine Wissenschaft der Erziehung, sondern ganz im allgemeinen eine Wissenschaft, die überhaupt auf Verbesserung abzielt. . . . Weisen Sie weit von sich und von der Politik die sinnlosen großen Worte von der Kraft der Reiche, von ihrem Sturz, ihrer Erhebung usw. Lieben Sie nicht die Ungeheuer der Einbildungskraft und Wesen, die nicht körperlich vorhanden sind! Es darf nur das Glück wirklicher Wesen, vorhandener oder der kommenden Individuen in Betracht kommen. Wir und unsere Kinder — das ist alles. Das übrige ist Träumerei".

Eine große Ähnlichkeit verrät diese Stellungnahme mit Voltaire, der als Politiker ebenfalls ein „resignierter Relativist" ist und „allen allgemeinen Regeln mißtraut".[1])

Galiani — auch das zeigen die Briefe — ist aufs innigste mit dem aristokratischen Wesen der altfranzösischen Kultur[2]) verwachsen. Er gehört zu den geistreichen Spöttern, zu den „entchristlichten Geistlichen", von denen Taine in seiner Geschichte des ancien régime spricht[3].) Unser Abbé schwärmt für das ancien régime,

---

[1]) Sakmann, Voltaire als Politiker, Tübinger Zeitschr., LXI, 1905 S. 52.

[2]) Weigand, l. c. p. XXVII.

[3]) vgl. Hofmiller, a. a. O. p. 184.

speziell eines Louis XV., ebenso wie Voltaire den Staat eines Louis XIV. bewundert hat als „ein modernes rationales Gebilde, als politisches Kunstwerk, als tout régalier, in dem alle Linien von außen in einen Mittelpunkt zu gesammelter Wirkung zusammenlaufen".[1])

Galiani meint,[2]) die Regierung Ludwigs XV. werde als die denkwürdigste auf die Nachwelt kommen, die das Jahrhundert Ludwigs XIV. nur erwähnen werde, um zu bemerken, daß unter Ludwig XV. Voltaire davon sprach. Er begreift nicht die blinde Begeisterung der Franzosen beim Regierungsantritt Ludwigs XVI. und meint, daß es ungemein schwierig sei, Frankreich, in dem Zustande, in dem es sich gegenwärtig befinde, gut zu regieren. Er schreibt am 4. Juni 1774 [3]): „Ihr seid genau in dem Zustand, in welchem Titus Livius die Römer schildert, die weder ihre Übel noch deren Heilmittel mehr ertragen konnten. Die Laster haben Wurzel gefaßt und sind mit den Sitten zusammengewachsen. Schafft ihr die Mädchen ab, dann wird der Luxus schwinden und mit ihm die Luxuskünste, und der Vorrang Frankreichs auf diesem Gebiet, das die Grundlage seines Handels, seines Reichtums, ja selbst seines Ansehens bildet, ist dahin. Es ist wahr, eure Laster sind ungeheuer; aber sie sind derart, daß ganz Europa sie haben und den Unterricht darin seinen Lehrmeistern teuer bezahlen möchte. Sind die Dämchen weg, dann geht es gegen die Philosophen. Sie gehören zusammen; sie sind ein anderer Luxus; aber sie verleihen eurer Nation den gegenwärtigen Glanz. Ihr werdet nichts mehr sein, wenn ihr nicht mehr die Lehrmeister der Laster seid".

Das klingt allerdings wie eine Fanfare der Revolution und zeigt einen ähnlichen Freimut, wie er in Beaumarchais „Hochzeit des Figaro" zum Ausdruck kommt.[4])

Überhaupt kennt sich der Abbé in den nationalen Tugenden und Untugenden der Franzosen gut aus. Schon 1761 nach kurzer Tätig-

---

[1]) cf. Sakmann, Jahrb. f. Nationalökonomie u. Statistik a. a. O. p. 495 und sein Buch über Voltaires Geistesart und Gedankenwelt, 1910 p. 326, dem das im Text stehende Zitat entnommen ist.

[2]) Perey-Maugras, l. c. II, p. 316; Conrad, l. c. p. 520.

[3]) Perey-Maugras, l. c. p. 317/18; Conrad, l. c. II, p. 521.

[4]) vgl. Taine, l. c. I, p. 318.

keit in Paris schreibt er an Tanucci[1]): „Auf den Wogen pflügt und im Sande sät, wer seine Hoffnungen auf Frauenherzen gründet. Diese Franzosen sind noch weniger als Frauen, weswegen der Satz auf sie gut paßt".

Er hält sie auch für schlechte Kolonialpolitiker, weil sie „zu ungeduldig seien, wenn sie ihr Glück machen wollten". „Er will schnell steinreich werden und das Erworbene in Frankreich verzehren." [2]) An der Heilung ihrer Finanzen endlich zweifelt Galiani durchaus,[3]) und er beurteilt die Möglichkeit einer Änderung der politischen und sozialen Lage Frankreichs überlegen skeptisch. Er zweifelt ernstlich daran, daß die Franzosen einen wahrhaft großen Mann [zur Leitung ihrer Regierung finden würden. Sehr zurückhaltend steht er der Preßfreiheit gegenüber, ja er meint sogar in einem Briefe an Frau v. Épinay vom 24. September 1774[4]): „Der Zwang der Schicklichkeit und die Einschnürung der Presse sind die Ursachen der Vollkommenheit des Geistes, des Geschmacks und der Formen bei den Franzosen geworden. Bewahrt alle beide, oder ihr seid verloren".

Neckers Entlassung, mit dem er sich innerlich verwandt fühlt,[5]) bereitet ihm aufrichtigen Schmerz. So ruft er aus[6]): „Ist

---

[1]) Bazzoni, l. c. p. 22: „Nell' onde solca, e sull' arena semina, chi sue speranze fonda in cuor di femina. Questi Francesci sono men che femina onde la sentenza s' ad atta loro benissimo".

[2]) Bazzoni, l. c. p. 85.

[3]) Bazzoni, l. c. p. 194. Noch ungünstiger (1764!) erscheint freilich Galiani die Lage Englands. Bazzoni, l. c. p. 130, 169.

[4]) Perey-Maugras, l. c. p. 348; Conrad, l. c. II, p. 540.

[5]) Glagau, a. a. O p. 136 sagt von Necker: „Er war daher weit entfernt davon, die Daseinsberechtigung der Korporationen in Frage zu stellen und ihre Privilegien zu bekämpfen, wie er auch nicht an den Grundlagen der hergebrachten Steuerverfassung zu rühren wagte. Und während die Ökonomisten in der mangelnden Einheitlichkeit das Hauptübel des alten Staatswesens erblickten, erklärte Necker es für eitel Torheit, wenn man ein so verwickeltes Gebilde wie die französische Reichsverfassung nach einförmigen, allgemeinen Grundsätzen zurechtschneiden wollte. Statt wie die Jünger Quesnays ein System und abstrakte Prinzipien aufzustellen und im luftigen Reiche der Phantasie eine Neuschöpfung zu planen, sei es Aufgabe eines besonnenen Staatsmannes, sich den gegebenen Verhältnissen anzupassen und nur erreichbare Ziele zu verfolgen. Mit vielem Glück polemisierte er gegen die Übertreibungen der physiokratischen Schule wie gegen den impôt unique und die Absicht, den schrankenlosen Freihandel einzurichten".

[6]) Perey-Maugras, l. c. II p. 618; Conrad, l. c. II p. 706/07.

es unmöglich, weder ein aufgeklärtes Jahrhundert, noch eine fügsame Nation, noch einen mutigen Fürsten, noch Zeit und Augenblick zu finden, da ein großer Mann seine Stellung bewahren kann? Was soll denn das heißen? Muß es denn ein ewiges Gesetz geben, das seit dem Apfel unseres teuern Urvaters Adam die Menschen in die Hände der Bösewichter und Dummköpfe gibt und den Helden für immer ausstößt?"

Und auch zu Voltaires Anschauungen bieten die französischen Briefe unseres Abbés interessante Parallelen. Auch Voltaires mehr ästhetischem Temperament „ist alles Gewaltsame, Maßlose, Anarchische zuwider". Auch er ist ganz „ancien régime", aber — „ancien régime in dem Entwicklungsstadium, da es sich aus sich selbst heraus freiwillig und ohne Gewaltsamkeit zum modernen Staat umwandeln will".[1])

Dieser ästhetisierenden Neigung Voltaires verwandt ist der Brief Galianis vom 1. Januar 1774 an Mme d'Épinay, in dem er eine dem Machtgedanken der Nationen indifferent gegenüberstehende Anschauung vom Steigen und Fallen der Reiche offenbart. Er meint[2]): „Die Reiche sind weder oben noch unten und fallen nicht. Sie wechseln ihr Aussehen, aber man spricht von Sturz und Ruinen, und in diesen Worten liegt das ganze Spiel der Täuschung und der Irrtümer. Richtiger wäre es, von den Phasen der Reiche zu sprechen. Das Menschengeschlecht ist beständig wie der Mond; aber dieser wendet uns bald diese, bald jene Seite zu, weil wir nicht immer in der richtigen Lage sind, ihn in seiner Völle zu sehen. Es gibt Reiche, die nur im Verfall schön sind, wie Frankreich. Es gibt andere, die nur in ihrer Fäulnis etwas taugen, wie die Türkei; wieder andere glänzen nur in ihrem ersten Viertel, wie die Herrschaft der Jesuiten; das einzige, das in seiner Völle schön gewesen, ist der Kirchenstaat".

Voll Temperament und überaus witzig und boshaft bekämpft endlich Galiani die Jesuiten[3]) und den Kirchenstaat.

Über die ersteren schreibt er (3. Juni 1775)[4]): „Jeder einzelne

[1]) Sakmann, Tübinger Zeitschr. l. c. p. 55.

[2]) Perey-Maugras, l. c. II, p. 286/87; Conrad, l. c. II, p. 502/03; v. Gleichen-Rußwurm, l. c. p. 136.

[3]) Die Jesuiten sind damals aus Portugal, Frankreich, Spanien und Neapel vertrieben worden, cf. Coletta, l. c. p. 225 ff.

[4]) Perey et Maugras, l. c. II, p. 408/09; Conrad, l. c. p. 576.

Jesuit war liebenswürdig, gut erzogen, nützlich; und die ganze Gesellschaft, die sich doch nur aus der Menge der einzelnen Individuen zusammensetzte, war hassenswert, sittlich verdorben, schädlich. Mögen andere diese sonderbare Erscheinung erklären; ich bringe es nicht fertig".

Er staunt über die Kaltblütigkeit, mit der Frankreich 1764 bei der Vertreibung der Jesuiten vorgeht, und spricht sich folgendermaßen Tanucci gegenüber aus[1]): „Die totale Ausstoßung der Jesuiten aus dem Reiche ist mir etwas hart vorgekommen, aber merkwürdiger und härter noch ist es mir vorgekommen, zu sehen, daß ein sanftes Volk keine Gefühle des Mitleids hat. Die von ihnen ins Werk gesetzte Verfolgung gegen die Jansenisten hat diese Wirkung hervorgebracht. Sie haben die Geister an die Grausamkeit gewöhnt und haben schließlich selbst davon den Nachteil gehabt".

Nach Galiani haben die Jesuiten weder Gewissen noch Moral, aber „sie haben Ehre, weil dies Eigenliebe und selbst den Tieren gemein ist".[2]) Sie sind „Leute, die man nicht für tot halten darf, wenn man sie nicht begraben sieht und ein neues Gebäude über ihrem Grabe errichtet hat".[3]) Jesuiten und Kaufleute sind gleich verächtlich. „Die Moral der Jesuiten ist nicht anders als die niedergeschriebene Kaufmannsmoral".[4])

Und nicht liebevoller lautet Galianis Urteil über Rom und den Kirchenstaat. Die wahren Waffen gegen Rom und die Elemente der Theologie sind ihm „wenig Vernunft, viele Beispiele, sehr großes Alter".[5]) Rom ist ihm ein „alter Hof und ein Reich aus Pappe („imperio di cartone"); seit drei Jahrhunderten regnet es darauf und noch hält es aus".[6]) —

Den Nationalökonomen und den Politiker Galiani haben wir aus den Briefen kennen gelernt. Es erübrigt noch ein Wort über den Philosophen, den Weltweisen, zu sagen.[7]) In zwangloser Reihen-

---

[1]) Bazzoni, l. c. p. 111.

[2]) Bazzoni, l. c. p. 166.

[3]) ibidem p. 197; vgl. auch A. St. 1906, p. 208 Note 1, p. 216 Note 1 und p. 209 Note.

[4]) A. St. 1906, p. 219 Note 3.

[5]) ibidem p. 194, vgl. auch p. 673.

[6]) Bazzoni, l. c. p. 143.

[7]) Ich verzichte darauf, die Würfelgeschichte hier noch einmal zu erzählen, die sich bekanntlich in Morellets Mémoiren (Collection des Mémoires

folge stelle ich nur ein paar Briefstellen zusammen. An erster Stelle nenne ich den öfters zitierten Brief an Frau von Épinay vom 23. November 1771. Er handelt über die Freiheit des Menschen und bietet eine Lösung, die an moderne Anschauungen, zumal an den Pragmatismus, erinnert. Galiani sagt[1]): „Auf der Überzeugung, daß es eine Freiheit gibt, beruht das Wesen des Menschen. Man könnte sogar den Menschen definieren als ‚ein Geschöpf, das sich für frei hält' — und das wäre eine vollständige Feststellung des Begriffs. ... Es ist dem Menschen durchaus unmöglich, auch nur einen Augenblick seine Überzeugung, daß er frei ist, zu vergessen und aufzuheben. Dies ist ein Grund. Zweitens: wenn man von seiner Freiheit überzeugt ist, ist das dasselbe, wie wenn man wirklich frei ist? Ich antworte: es ist nicht dasselbe, aber es hat dieselben moralischen Wirkungen. Der Mensch ist also frei, weil er innerlich überzeugt ist, frei zu sein, und weil das ebensoviel wert ist wie die Freiheit selbst. Damit ist also der Mechanismus des Weltalls so klar gemacht wie Quellwasser. Wenn auf der Welt ein einziges freies Wesen wäre, gäbe es keinen Gott mehr, gäbe es keine Verbindungen mehr zwischen den Einzelheiten. Die Welt würde aus den Fugen gehen; und wenn der Mensch nicht stets in seinem innersten Wesen überzeugt wäre, daß er frei ist, wäre es mit der menschlichen Moral anders bestellt. Die Überzeugung, daß wir frei sind, genügt, um ein Gewissen, Reue, Rechtspflege, Belohnungen und Strafen zu schaffen. Sie genügt zu allem. Und damit ist in zwei Worten die ganze Welt erklärt. ... Es ist uns unmöglich, uns eine Vorstellung vom Unendlichen zu machen; wir werden also eine Beweisführung, die uns sagt, daß eine unendliche Größe doppelt so groß ist wie eine andere, glauben, aber werden vom Gegenteil überzeugt sein, und wir werden gemäß unserer Überzeugung handeln und nicht gemäß der Beweisführung, die unserer Vorstellung entgegengesetzt ist. Es

---

relatifs à la Révolution française, 1825 I, p. 135) findet und dann von Du Bois-Reymond („Darvin versus Galiani" in Reden, 1. Folge, 1886, p. 212 ff.) frei benutzt worden ist. Vgl. auch Brunetière l. c. p. 932 f. und Weigand a. a. O. p. LVI ff. Über Galiani als Philosophen vgl. auch Correspondance littéraire etc. VIII p. 184 f.

[1]) Perey-Maugras, l. c. I, p. 483/84. p. 483: „... On pourrait même définir l'homme, un animal qui se croit libre, et ce serait une définition complète..." — Conrad, l. c. I, p. 311 ff.; v. Gleichen-Rußwurm, l. c. p. 27.

ist uns unmöglich, uns vorzustellen, daß wir nicht frei seien. Wir werden also beweisen, daß wir es nicht sind; aber wir werden stets so handeln, wie wenn wir es wären".

Man wird diese Auffassung am besten verstehen, wenn man sich vergegenwärtigt, daß Galiani nur einen relativen Wahrheitsbegriff kennt. Mit Recht meint Sainte-Beuve[1]): „Galiani ne croit donc pas à la vérité absolue pour l'homme, à la vérité digne de ce nom; la vérité absolue pour l'homme, à la vérité digne de ce nom: la vérité rélative, qui n'est qu'une illusion d'optique, est la seule, selon lui, que l'homme doive chercher. Selon lui encore, il en est de l'illusion au moral comme au physique: elle engendre des résultats qui peuvent être beaux et bons, rélativement à la société et à l'homme. C'est parce que notre œil est configuré de manière à voir le ciel rond et voûté, que l'homme a ensuite inventé la coupole, le dôme du temple, soutenu de colonnes, qui est une chose belle à voir. Ainsi, au moral, nos illustres intérieures sur la liberté, sur la cause première, ont engendré la réligion, la morale, le droit, toutes choses utiles, naturelles à l'homme, et même vraies si l'on veut, mais d'une vérité purement rélative et toute subordonnée à la configuration, à l'illusion première".

Beachtenswert ist die Auffassung des kleinen Abbés von den Religionen. Sie zeigt, daß er als kühler Skeptiker gegen jede überspannte Metaphysik, gegen jedes Grübeln ist. Er rät davon ab, „zu lange auf diesen Materien herumzurutschen", weil man sonst ausgleite. Nach Galiani gibt es zwei Arten von Religionen[2]): „Die der Völker der Neuzeit sind heiter: Ackerbau, Medizin, Ringkunst und Bevölkerungslehre; die der alten Völker sind traurig: Metaphysik, Rhetorik, Beschaulichkeit, Seelengröße. Sie führen notwendigerweise zur Vernachlässigung des Landbaues, der Volksvermehrung, der Gesundheit und des Vergnügens. Wir sind alt".

Als man ihm erzählt, Mme. Geoffrin sei in ihren letzten Lebensjahren fromm geworden, erklärt er diese Erscheinung als etwas ganz Natürliches und meint in einem Briefe an Frau von Épinay vom 21. September 1776[3]): „Durch die Ungläubigkeit tut der mensch-

[1]) Causeries du Lundi a. a. O. p. 428. Und F. Blei („Insel" l. c. p. 15) meint, Galiani sei „als außerordentlicher Psychologe mißtrauisch gegen die absoluten Wahrheiten geworden".

[2]) Perey-Maugras, l. c. I, p. 53, 54; Conrad, l. c. I, p. 35.

[3]) Perey-Maugras, l. c. II, p. 469; Conrad, l. c. II, p. 612; vgl. auch Blei in der „Insel" I, p. 143.

liche Geist seinen eigenen Instinkten und seinem Geschmack die größte Gewalt an. Es handelt sich darum, sich für immer aller Freuden der Phantasie und des Geschmackes am Wunderbaren zu berauben; es handelt sich um die ganze Entleerung des Schulsacks; und der Mensch möchte Erkenntnis; immer und alles zu leugnen oder anzuzweifeln, in der Verarmung an allen Ideen, Kenntnissen und erhabenen Wissenschaften usw. stecken zu bleiben, welche entsetzliche Leere, welch ein Nichts! Welche Mühe! Es ist also erwiesen, daß die Mehrzahl der Menschen ... nicht ungläubig sein kann, und daß die anderen, die es können, die geistige Anstrengung nicht auszuhalten vermögen, ohne die Kraft und Jugend der Seele. Wenn die Seele altert, taucht irgendein Glaube wieder auf".

Interessant sind auch die Anschauungen unseres Abbés über die Erziehung. Ihre Fragen streift er häufig in seinen Briefen, und er tritt der optimistischen Auffassung der Pariser Philosophen von der Verbesserungsfähigkeit des Menschen entgegen. Auch gilt seine Antipathie der Rousseauschen Erziehungslehre, wie dieser sie in seinem bekannten Roman „Émile" entwickelt hat, der ja vor allen Dingen die Natur als den liebevollsten und sorgfältigsten, menschlichen Erzieher auffaßt und seinem Zögling die volle Frische und Ursprünglichkeit des Naturmenschen wahren möchte.[1]) Hören wir Galianis Lehren! Er schreibt am 4. August 1770 an Frau v. Épinay[2]): „Mein Traktat über Erziehung ist fertig. Ich beweise darin, daß die Erziehung für den Menschen wie für die Tiere dieselbe ist. Sie läuft auf zweierlei hinaus, nicht mehr: Ungerechtigkeiten zu ertragen lernen, Langweile zu ertragen lernen. Was läßt man in der Reitschule ein Pferd tun? Es geht von Natur in Paß, Trab, Galopp, Schritt. Aber das Pferd wählt die Gangart, wie es ihm gut dünkt und wie es Lust hat. Man lehrt es diese Gangarten gegen seinen Willen

[1]) vgl. P. Hensel, Rousseau, 1907, p. 63 ff. und Vorlaender, Geschichte der Philosophie, 1908 II, p. 147. — Die Beurteilung der Galianischen Pädagogik im Text folgt gütigen Mitteilungen des Herrn Dr. Johs. Prüfer zu Leipzig.

[2]) Perey-Maugras, l. c. I, p. 216/17. — p. 216: „... apprendre à supporter l'injustice; apprendre à souffrir l'ennui". — p. 217: „... l'éducation n'est que l'élaguement des talents naturels, pour donner place aux devoirs sociaux. — Conrad, l. c. I, p. 137/38; v. Gleichen-Rußwurm, l. c. p. 26. — Vgl. dazu die Auffassung Galianis in seinem „dialogue sur les femmes", der sich in Nicolinis „Pensiero" l. c. p. 258 ff. wieder abgedruckt findet, namentlich ebendort, p. 264, wo von der Erziehung als Instinkt die Rede ist.

anzunehmen, gegen seine Vernunft (da liegt die Ungerechtigkeit), und sie zwei Stunden lang fortzusetzen[1]) (da liegt die Langeweile). Wenn man daher ein Kind Lateinisch, Griechisch oder Französisch lernen läßt, so interessiert nicht das Nützliche der Sache, sondern es muß sich eben daran gewöhnen, den Willen anderer zu tun (und sich zu langweilen) und durch ein Wesen seinesgleichen gestraft zu werden (und zu leiden). Wenn es hieran gewöhnt ist, so ist es dressiert, für die Gesellschaft hergerichtet, geht in die Welt, achtet Beamte, Minister, Könige (und beklagt sich nicht über sie). Der Mensch übt seine Amtsverrichtungen aus, er geht in sein Bureau oder zur Audienz, oder auf den Wachtposten oder ins œil-de-bœuf und gähnt und bleibt dort und verdient sich sein Brot. Tut er das nicht, so taugt er nichts in der gesellschaftlichen Ordnung. Also die Erziehung ist nur die Beschneidung der natürlichen Talente, um an ihre Stelle die sozialen Pflichten zu setzen. Die Erziehung soll Talente verstümmeln und beschneiden. Wenn sie das nicht tut, so haben Sie — den Dichter, den Improvisator, den Haudegen, den Maler, den Spaßmacher, das Original, die Vergnügen schaffen und vor Hunger sterben, weil sie sich in keine von den Nischen der sozialen Rangordnuug mehr einstellen können".

In einem anderen Briefe an seine Freundin wendet sich Galiani gegen die Auffassung, daß die Kinder fast gar nichts wüßten, bevor sie zu sprechen begännen. Er meint dagegen am 3. April 1773[2]): „Das Kind hat das wichtigste seiner Erziehung schon empfangen, bevor es zwei Jahre alt wird; aber da wir nicht erkennen können, was ein anderes Wesen mit menschlichem Antlitz weiß, wenn es nicht durch Worte oder Zeichen zu uns spricht, so glauben wir, die Kinder wissen nichts. Das ist ein großer Irrtum. Jemand, der ein Jahr in London sich aufgehalten hätte, ohne ein Wort Englisch zu lernen, würde trotzdem unendlich vieles von dem Lande kennen: Straßen, Häuser, Bräuche, Ge-

---

[1]) Ein auffälliger Anklang an Rousseaus „Émile"! Gleich am Eingang seines Erziehungsromans geißelt Rousseau die Sucht des Menschen, die Natur nach seinem Willen umzugestalten, und in diesem Zusammenhang findet sich der Satz, daß der Mensch nichts will, „wie es die Natur gemacht hat, nicht einmal den Menschen; man muß ihn für ihn wie ein schulgerechtes Roß abrichten". („Allgemeine Revision des gesamten Schul- und Erziehungswesens", 1789, XII, S. 31.)

[2]) Perey-Maugras, l. c. II, p. 191/92; Conrad, l. c. II, p. 442.

setze, Menschen, Ämter, politische Verfassung usw. Meine Bemerkung zerstört, das sehe ich wohl, das ganze System Émiles und der anderen Pädagogen. Aber ich ziehe aus ihr den Schluß, daß es in zwei Jahren entschieden ist: die Ansätze zu Tugenden oder Lastern sind bereits vorhanden".

Endlich kommt Galiani in einem Briefe vom 18. März 1775 noch einmal ausführlicher auf die Erziehung zu sprechen; ein Brief, der in eigenartiger Weise — wie man mit Recht behauptet hat[1] —, in bezug auf das, was er über Individuum und Milieu äußert, wie eine „spielende Vorwegnahme Taines" wirkt. Galiani schreibt[2]: „Es gibt einen bestimmten Einfluß auf uns, der die Wirkung der Erziehung ist. Dies ist wahr. Aber wissen Sie, wer der Lehrer ist, der uns erzieht? Das Jahrhundert und das Volk, in deren Schoß wir zur Welt kommen. So wird ein Mensch, der in Konstantinopel auf die Welt kommt, als Türke erzogen; in Rom als römisch-katholischer Christ; in Paris als Schöngeist, als ökonomistisch-anglomaner Krautjunker; in London als Goddam-Kolonist usw. Alles was uns umgibt, wirkt erzieherisch auf uns ein, und der Erzieher ist etwas unendlich Kleines, das die guten Rechner außer acht lassen".

Auf Grund dieser drei Stellen dürfte Galianis pädagogische Meinung, wenn ich recht sehe, die sein[3]: Eine erzieherische Beeinflussung des Menschen findet nur statt durch sein Jahrhundert und durch sein Volk, und den wichtigsten Teil dieser Erziehung empfängt er bereits in den ersten zwei Jahren seines Lebens. Was man sonst Erziehung nennt, ist nichts anderes als Dressur, und diese ist von der Dressur des Tieres nicht verschieden. Sie ist notwendig, damit der Mensch seinen Platz in der Gesellschaft ausfüllt. Durch diese Dressur sollen die natürlichen Talente beschnitten und durch soziale Pflichten ersetzt werden. — Damit tritt er freilich in scharfen Gegensatz zu Rousseau, der nichts anderes will als durch die Erziehung die Natur des Menschen entfalten. „Ehe die Eltern ihn zu etwas rufen, ruft ihn die Natur zum Menschseyn. Zu leben ist die Kunst, die ich ihn lehren will. Wenn er aus meinen Händen kömmt,

---

[1]) Hofmiller, a. a. O. p. 187.
[2]) Perey-Maugras, l. c. II, p. 388; Conrad, l. c. II, p. 562/63.
[3]) vgl. auch Weigand, a. a. O. p. LXXXI; Hofmiller, a. a. O. p. 188 ff.

wird er, das gestehe ich, weder Rechtsgelehrter, noch Soldat, noch Prediger seyn: sondern nur erst Mensch" (a. a. O. p. 72). Die eigentliche Lehrmeisterin der Kinder ist daher die Natur selbst. Der Erzieher „tut weiter nichts, als daß er unter dieser ersten Lehrmeisterin studiert, und verhindert, daß ihrer Sorgfalt nicht zuwider gehandelt werde" (a. a. O. p. 203).

In den übrigen Briefen philosophischen Inhalts tritt uns der Genußmensch, der den Wert des Lebens nur an der Freude, die es gewährt, mißt, und der jedem Sentiment, jedem Altruismus abholde Egoist entgegen. Von welcher Kälte des Raisonnements, von welchem Mangel an „Affektivität" — um das von Nicolini verwandte Wort zu gebrauchen[1]) — zeugt jener Brief an seine Freundin vom 19. Oktober 1776, in dem er eine Todesnachricht quittiert. In diesem Brief gibt Galiani die Theorie wieder, die er sich für solche Fälle gebildet hat. Sie lautet[2]): „. . . seit ich erfahren habe, daß nach der Berechnung drei vom Hundert der Lebenden sterben, scheint es mir, daß jeder Sterbende, der für seinen Teil diese fatale dreiprozentige Schuld abträgt, die Lebenden entlastet, und daß infolgedessen jeder Tod einen Grad der Lebenswahrscheinlichkeit mehr für die Überlebenden bedeutet".

Galiani ist reiner Individualist und ohne jedes soziale Gefühl.[3]) Jede pathetische Geste ist ihm zuwider. Für ihn gibt es gar keinen Nächsten. Es sei Geschwätz, wenn ein jeder für die Angelegenheiten anderer plaidiere und nie für die eigenen. Ein jeder solle tun und sprechen nach seinen Interessen. Und an anderer Stelle meint er[4]): „Ich finde, die Achtung des Nächsten ist ein Gefühl, das uns von Natur widersteht — wie das Ipecacuanha; wir schlucken es gewaltsam hinunter, und unser Magen möchte es sobald wie möglich wieder von sich geben".

Nach diesen letzten Kostproben wird man Franz Blei recht geben müssen, wenn er meint,[5]) daß in Galiani mit einer feinen, reichen Seele ein brutaler Verstand sich gepaart habe, der frech von den Lastern und zynisch von den Tugenden der eigenen Seele

---

[1]) Giornale . . . l. c. p. 21 ff.
[2]) Perey-Maugras, l. c. II, p. 476; Conrad, l. c. II, p. 617.
[3]) Perey-Maugras, l. c. II, p. 277; Conrad, l. c. II, p. 496 ff.
[4]) Perey-Maugras, l. c. II, p. 74; Conrad, l. c. II, p. 366.
[5]) Galianis Dialoge, l. c. p. 101.

spreche, und man versteht wenigstens, wie Nietzsche zu seinem Urteil hat kommen können, daß Galiani „der tiefste, scharfsichtigste und vielleicht auch schmutzigste Mensch seines Jahrhunderts" gewesen sei.[1])

Die übrigen Briefe bieten nur hin und wieder eine kecke, philosophische Spekulation oder ein paradoxes Urteil. So schreibt Galiani in einem Brief über Voltaires Betrachtungen über die Neugierde[2]) (er nennt sie eine Leidenschaft, die in uns nur erregt werde, wenn wir uns sicher vor jedem Risiko fühlten; denn die geringste Gefahr benähme uns alle Neugierde) und über andere Voltairesche Aufsätze, aus denen er den Schluß zieht, daß ihr Verfasser Deïst aus politischen Rücksichten sei. Ferner finden sich in den Briefen interessante Urteile über den Fatalismus und über die Einsamkeit der Philosophen, von denen Galiani meint[3]): „Die Philosophen sind nicht dazu da, einander zu lieben. Die Adler fliegen nicht in Gesellschaft; das tun die Rebhühner, die Stare. Voltaire hat keinen Menschen geliebt und wird von keinem Menschen geliebt. Er wird gefürchtet, hat seine Krallen, und das ist genug. Hoch oben schweben und Krallen haben, das ist das Los der großen Genies".

Endlich erwähne ich noch seine Äußerungen über die Frauen. So schreibt er am 2. Februar 1771 an Frau von Épinay[4]): „Sie wollen von mir wissen, was eine Frau studieren soll? Ihre Sprache, damit sie Verse korrekt sprechen und schreiben kann, wenn sie Neigung dafür hat. Alles in allem genommen, muß sie stets ihre Phantasie pflegen; denn das wahre Verdienst der Frauen und ihrer Gesellschaft besteht darin, daß sie immer ursprünglicher sind als die Männer; sie sind weniger verkünstelt, weniger verdorben, weniger von der Natur entfernt, und darum liebenswürdiger".

Es bleibt aber nicht bei solchem wohlwollenden Urteil. Galiani spricht vielmehr an anderer Stelle recht scharf und spöttisch vom schwächeren Geschlecht. Ja er nennt die Frauen einmal „ein Gemisch von Nerven, Uterus, Einbildungskraft und launenhafter

---

[1]) Jenseits von Gut und Böse, Aphorismus 26.

[2]) Perey-Maugras, l. c. I, p. 434; Conrad, l. c. I, p. 280.

[3]) Perey-Maugras, l. c. I, p. 309; Conrad, l. c. I, p. 197.

[4]) Perey-Maugras, l. c. I, p. 352/53; Conrad, l. c. I, p. 225; von Gleichen-Rußwurm, l. c. p. 221/22; Blei, Insel, I, p. 129.

Willkür".[1]) Man denke auch an den Vergleich mit den Franzosen. Wer im übrigen sich in Galianis Anschauungen über die Frauen vertiefen will, mag den Miniaturdialog „Sur les femmes" lesen.[2]) —

Doch ich muß hier abbrechen. Suchen wir mit wenigen Worten die geistige Eigenart des Denkers, der uns in dieser Abhandlung beschäftigt hat, noch einmal zu erfassen.

Galiani zeigt sich uns im Gegensatz zu seinen Gegnern, den Physiokraten, als ein jedem Absolutismus der Lösungen abgeneigter, relativistisch denkender, historischer Kopf, der je nach Zeit, Ort und Umständen sich wandelnde, politische und wirtschaftliche Maßnahmen empfiehlt. Er zeigt sich ferner — und das ist seine schriftstellerische Eigenart, abgesehen von der tiefgründigen Abhandlung „della moneta" — als Gegner aller Systematik, als Meister der kühnen Improvisation, als Virtuose der impressionistischen These. Seine Hauptwaffe ist die Satire, und es fällt wahrlich manchmal schwer, Ernst und Satire bei ihm zu scheiden. Marmontel hat ihn in seinen Memoiren als den hübschesten, kleinen Harlekin beschrieben, den Italien hervorgebracht habe, auf dessen Schultern jedoch der Kopf Macchiavellis saß; und, gewohnt alles von der lächerlichen Seite zu betrachten, habe es für ihn nichts gegeben, das er nicht zu einem guten Geschichtchen hätte benutzen können.[3]) Und Sainte-Beuve schreibt über ihn: „chez lui, un raisonnement sérieux et profond se bourse tout à coup au calembour".[4]) Auch spätere Autoren haben ähnlich über ihn geurteilt, indem sie je nachdem mehr den Harlekin- oder den Macchiavelli-Kopf hervorhoben.[5]) Man tut aber unserem Abbé un-

---

[1]) Bazzoni, l. c. p. 141.

[2]) Abgedruckt in der Correspondance littéraire, IX, p. 497 ff., jetzt auch bei Nicolini, Il Pensiero ... l. c. p. 258 ff. und deutsch bei Conrad, l. c. II, p. 350 ff. Dieser Dialog ist auch wichtig für Galianis Erziehungslehre, wie schon erwähnt.

[3]) Marmontel, Mémoires II, p. 122: „L'abbé Gal. étoit de sa personnne le plus joli petit arlequin qu'eût produit l'Italie; mais sur les épaules de cet arlequin était la tête de Machiavel. Epicurien dans sa philosophie, et avec une âme mélancolique, ayant tout vu du côté riducule, il n'y avait rien ni en politique, ni en morale à propos de quoi il n'eût quelque bon conte á faire, et ces contes avaient toujours la justesse de l'à propos et le sel d'une allusion imprévue et ingénieuse". Vgl. auch Taine a. a. O. I, p. 326.

[4]) Causeries du Lundi ... a. a. O. II, p. 431.

[5]) vgl. Barthold, Die geschichtlichen Persönlichkeiten in Jakob Casanovas

recht, wenn man über seine Neigung zum Spott und zur Satire die ernsten, die gediegenen, die bedeutenden Qualitäten seiner Schriftstellerpersönlichkeit vergißt. Es ist ihm eben vielfach so gegangen — wie Gaudemet in seiner Monographie über Galiani schreibt[1]) —: „Parce qu'il présenta légèrement des idées sérieuses, et parce qu'il tint cette gageure, d'ecrire à propros du commerce des blés un livre vif d'allures, franc de style, charmant de fantaisie et d'ironie fine comme un roman de Voltaire, il a porté devant la postérité la peine d'avoir eu trop d'esprit". Ich glaube, man wird der schriftstellerischen Eigenart und speziell dem Stil unseres Abbés am besten gerecht, wenn man Taines These vom „esprit classique" auf ihn anwendet. Er hat über die ernstesten Dinge in jenem „oratorischen" Stil geschrieben, daß jede Salondame ihn verstehen konnte.[2])

Seine Kraft ruht in der historischen Weltanschauung, aber in ihrer Überspannung zugleich seine Schwäche; denn der Gefahr des Historismus, „der modernsten, verbreitetsten und gefährlichsten Form des Relativismus, der Nivellierung aller Werte", wie ihn ein moderner Rechtsphilosoph[3]) formuliert hat, ist auch er erlegen. Indem er die naturrechtlichen Spekulationen der Physiokratie bekämpfte, verfiel er des öfteren in das entgegengesetzte Extrem, in den Historismus, der „alle Philosophie und Weltanschauung zerstört".[4])

---

Memoiren, 1846, Bd. I, p. 263 und 74. Dazu das Urteil von Casanova selbst bei Weigand, l. c. p. XVII Note 2. Ferner zu vergleichen v. Gleichen-Rußwurm, l. c. p. 328 („Hanswurst und tiefernster Staatsmann"); Hofmiller, l. c. p. 189 und Blei, Galianis Dialoge . . . l. c. p. 18 (c[a] Sainte-Beuve und Brunetière) und p. 45 Note 1 (Duvals Äußerung über Galiani).

[1]) a. a. O. p. 1. Dazu aber Afanassiev, l. c. p. 249.

[2]) vgl. das ganze dritte Buch „Der Geist und die Doktrin" in Taines Geschichte des Ancien Régime (a. a. O. I, p. 208 ff.) und zur Kritik Wahl a. a. O. I, p. 357 ff.; vgl. auch Bleis (Insel, Bd. I, p. 17). Bemerkungen über den Salonton des Ancien Régime, durch den „der letzte Blutstropfen zu einem bon mot kondensiert wurde" und vor allem das lehrreiche Buch von Perey und Maugras, Dernières Années de Madame d'Épinay [8], p. 392 ff., wo sich eine lebendige Schilderung der damaligen Salonunterhaltungen findet.

[3]) Emil Lask, Rechtsphilosophie, in „Die Philosophie bei Beginn des 20. Jahrhunderts", Festschrift für Kuno Fischer Bd. II, 1905 p. 13.

[4]) Lask, ibidem p. 13: „Naturrecht und Historismus sind die beiden Klippen, vor denen die Rechtsphilosophie sich hüten muß". Vor dem Historismus warnt auch Marianne Weber, Ehefrau und Mutter in der Rechtsentwicklung 1907. Dazu Paulsen, Preuß. Jahrbücher Bd. 132, 1908, p. 412/13;

Ob dabei der Neapolitaner Galiani als ein französischer Denker aufzufassen ist, den er selbst in einem Briefe[1]) seinem Wesen nach als Plauderer, Klugsprecher und Spaßmacher bezeichnet, oder ob ihn seine Landsleute — an erster Stelle wieder Nicolini[2]) — für Italien in Anspruch nehmen dürfen, mag dahingestellt bleiben. Denn auch Nicolini gibt zu, daß ohne eine Kenntnis der philosophischen, politischen und ökonomischen Fragen des ancien régime unser Abbé nicht zu verstehen ist. Zu einem Teile seines Wesens ist er nun einmal der unübertreffliche Geschichtenerzähler, der echt französische Causeur, der homme d'esprit par excellence,[3]) „einer der echtesten Repräsentanten der Aufklärungszeit".[4]) Alles in allem ein Denker, der eine bedeutsame Stellung in der Geschichte der Nationalökonomie beanspruchen darf, und der bei aller historischer Weltansicht, mit der er seiner Zeit vorauseilt, doch als ein echtes Kind des ancien régime zu betrachten ist und alle ihre markantesten Eigenschaften gleichsam in Reinkultur repräsentiert: die Frivolität und den Zynismus, aber auch den Esprit und die verfeinerte Lebenskunst.[5])

---

s. auch Meinecke, Weltbürgertum und Nationalstaat, p. 249 und Karl Wieland, Die historische und die kritische Methode in der Rechtswissenschaft, 1910. Er nennt den Historismus „den entarteten Sprößling wahrer geschichtlicher Denkart" (p. 5).

[1]) Conrad, l. c. I, p. 306; Perey u. Maugras, l. c. I, p. 476.

[2]) Giornale ... a. a. O. p. 28 ff.; vgl. auch Gaudemet a. a. O. p. 41, der sich die Vielseitigkeit der Begabung Galianis nur bei einem Italiener erklären kann. „Dans cette race de virtuoses, l'îmagination et les facultés artistiques se superposent naturellement aux facultés purement rationelles" und Brunetière, a. a. O. p. 944/45 sowie Sainte-Beuve, a. a. O.[3] II, p. 423; s. auch Kassner, Motive, Essays p. 106.

[3]) Taine, l. c. I, p. 162 schreibt: „Plaudern heißt andere amüsieren, indem man sich selbst amüsiert, und ein größeres Vergnügen kennt der Franzose nicht; für ihn ist die bewegliche, sich schlängelnde Konversation, was der Flug für den Vogel ist". Vgl. auch ibidem p. 302 über den Scherz.

[4]) v. Gleichen-Rußwurm, l. c. p. 340,

[5]) vgl. auch Weigand, a. a. O. p. XC.

FSC
www.fsc.org
MIX
Papier | Fördert gute Waldnutzung
FSC® C083411

Kolibri 360 GmbH
Ferdinand-Jühlke-Straße 7
99095 Erfurt, Deutschland
produktsicherheit@kolibri360.de